全国职业培训推荐教材
劳动和社会保障部教材办公室评审通过
适合于职业技能短期培训使用

木工基本技能
（第二版）

中国劳动社会保障出版社

图书在版编目(CIP)数据

木工基本技能/赵海艳主编. —2 版. —北京：中国劳动社会保障出版社，2016

职业技能短期培训教材

ISBN 978-7-5167-2413-2

Ⅰ. ①木… Ⅱ. ①赵… Ⅲ. ①木工-技术培训-教材 Ⅳ. ①TU759.1

中国版本图书馆 CIP 数据核字(2016)第 049860 号

中国劳动社会保障出版社出版发行

（北京市惠新东街 1 号 邮政编码：100029）

*

中国标准出版社秦皇岛印刷厂印刷装订 新华书店经销

850 毫米×1168 毫米 32 开本 3.625 印张 89 千字

2016 年 3 月第 2 版 2022 年 12 月第 6 次印刷

定价：11.00 元

营销中心电话：400-606-6496

出版社网址：http://www.class.com.cn

版权专有 侵权必究

如有印装差错，请与本社联系调换：(010) 81211666

我社将与版权执法机关配合，大力打击盗印、销售和使用盗版图书活动，敬请广大读者协助举报，经查实将给予举报者奖励。

举报电话：(010) 64954652

前言

职业技能培训是提高劳动者知识与技能水平、增强劳动者就业能力的有效措施。职业技能短期培训，能够在短期内使受培训者掌握一门技能，达到上岗要求，顺利实现就业。

为了适应开展职业技能短期培训的需要，促进短期培训向规范化发展，提高培训质量，中国劳动社会保障出版社组织编写了职业技能短期培训系列教材，涉及二产和三产百余种职业（工种）。在组织编写教材的过程中，以相应职业（工种）的国家职业标准和岗位要求为依据，并力求使教材具有以下特点：

短。教材适合 15～30 天的短期培训，在较短的时间内，让受培训者掌握一种技能，从而实现就业。

薄。教材厚度薄，字数一般在 10 万字左右。教材中只讲述必要的知识和技能，不详细介绍有关的理论，避免多而全，强调有用和实用，从而将最有效的技能传授给受培训者。

易。内容通俗，图文并茂，容易学习和掌握。教材以技能操作和技能培养为主线，用图文相结合的方式，通过实例，一步步地介绍各项操作技能，便于学习、理解和对照操作。

这套教材适合于各级各类职业学校、职业培训机构在开展职业技能短期培训时使用。欢迎职业学校、培训机构和读者对教材中存在的不足之处提出宝贵意见和建议。

人力资源和社会保障部教材办公室

简介

本书以木工基础知识开篇，主要介绍了木工常用材料，木工常用量具、工具和机械，模板工程，木家具制作和建筑装饰装修工程的基本做法，书中重点讲述了木工操作的基本技能，以及木工的建筑装饰装修等知识，最后介绍了建筑木工安全生产与文明施工的基本规范和要求。

本书适合木工操作及维护人员培训和自学使用，编写过程中，针对职业技能短期培训学员的特点，加强内容表述的直观性，操作技能配有直观的图片，内容简练，实用性强。通过本书的学习，学员能够从事木工相关岗位的工作。

本书由赵海艳主编，张盾、张渊参编。

目录

第一单元　木工基础知识

模块一　工程制图基础

一、工程制图标准

工程图样是建筑设计人员用来表达设计意图和思想的技术文件，是工程施工的重要依据。所有建筑图样都是运用建筑制图的基本理论和基本方法绘制的，都必须符合国家统一的建筑制图标准。

1. 幅面、标题栏与签字栏

图纸幅面是指图纸的大小。为了使图纸在使用上方便，便于装订和保存，国家标准对建筑工程的图纸幅面做了规定。制图时应优先选用国家标准规定的图纸幅面尺寸。幅面及图框尺寸见表1—1。

表1—1　幅面及图框尺寸　mm

尺寸代号＼幅面代号	A0	A1	A2	A3	A4
$b \times l$	841×1 189	594×841	420×594	297×420	210×297
c	10			5	
a	25				

图纸可以横放也可以竖放，以长边作为底边称为横式，以短边作为底边称为立式。一般A0～A3图纸宜横式使用，必要时也可立式使用，如图1—1所示。

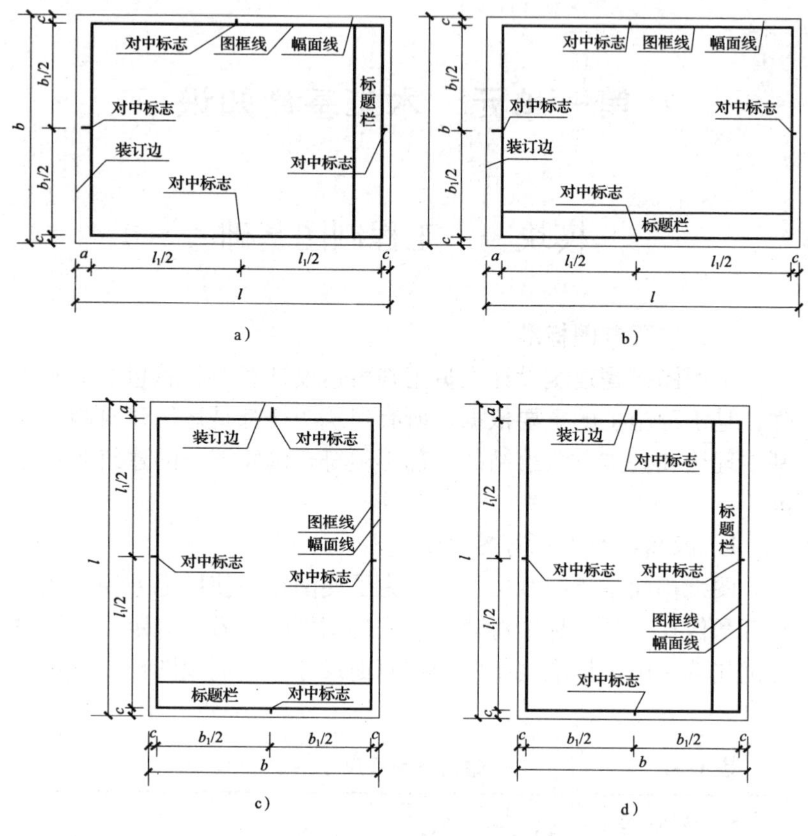

图 1—1　图纸立式幅面和横式幅面

a）A0 ~ A3 横式幅面（一）　b）A0 ~ A3 横式幅面（二）

c）A0 ~ A4 立式幅面（一）　d）A0 ~ A4 立式幅面（二）

标题栏应符合图 1—2 的规定，根据工程的需要选择确定其尺寸、格式及分区。

签字栏是指工程建设图样上由会签人员填写所代表的有关专业、姓名、日期等的一个表格。

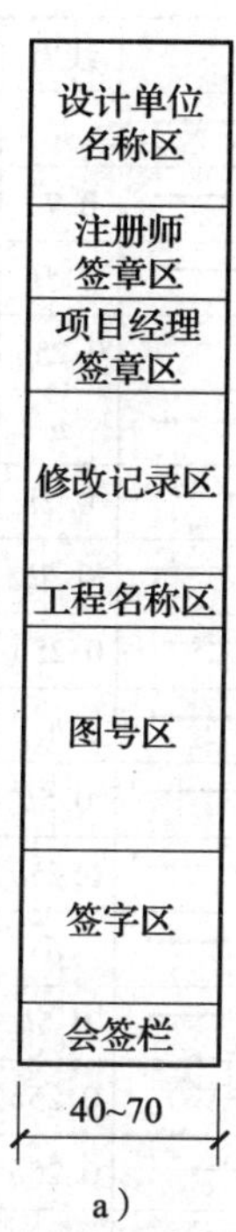

a）

设计单位名称区	注册师签章区	项目经理签章区	修改记录区	工程名称区	图号区	签字区	会签栏

30~50

b）

图 1—2　标题栏格式及尺寸

2. 图线、比例

工程建设制图图线的选用应符合表 1—2 的规定。

图样的比例应为图形与实物相对应的线性尺寸之比。比例的大小，是指其比值的大小，如 1∶50。绘图所用的比例应根据图样的用途与被绘对象的复杂程度，从表 1—3 中选用。

表 1—2　　图　　线

名称		线型	线宽	用途
实线	粗		b	主要可见轮廓线
	中粗		$0.7b$	可见轮廓线
	中		$0.5b$	可见轮廓线、尺寸线、变更云线
	细		$0.25b$	图例填充线、家具线
虚线	粗		b	见各有关专业制图标准
	中粗		$0.7b$	不可见轮廓线
	中		$0.5b$	不可见轮廓线、图例线
	细		$0.25b$	图例填充线、家具线
单点长画线	粗		b	见各有关专业制图标准
	中		$0.5b$	见各有关专业制图标准
	细		$0.25b$	中心线、对称线、轴线等
双点长画线	粗		b	见各有关专业制图标准
	中		$0.5b$	见各有关专业制图标准
	细		$0.25b$	假想轮廓线、成型前原始轮廓线
折断线	细		$0.25b$	断开界线
波浪线	细		$0.25b$	断开界线

表 1—3　　绘图所用的比例

常用比例	1:1、1:2、1:5、1:10、1:20、1:30、1:50、1:100、1:150、1:200、1:500、1:1 000、1:2 000
可用比例	1:3、1:4、1:6、1:15、1:25、1:40、1:60、1:80、1:250、1:300、1:400、1:600、1:5 000、1:10 000、1:20 000、1:50 000、1:100 000、1:200 000

3. 尺寸标注

图纸上的图样除表达物体形状外还应说明物体的大小，物体的大小应通过尺寸来确定。图样上的尺寸单位，除标高及总平面图以米为单位外，其他必须以毫米为单位。

（1）尺寸的组成。图样上的尺寸应包括尺寸线、尺寸界线、尺寸起止符号和尺寸数字四要素，如图 1—3 所示。

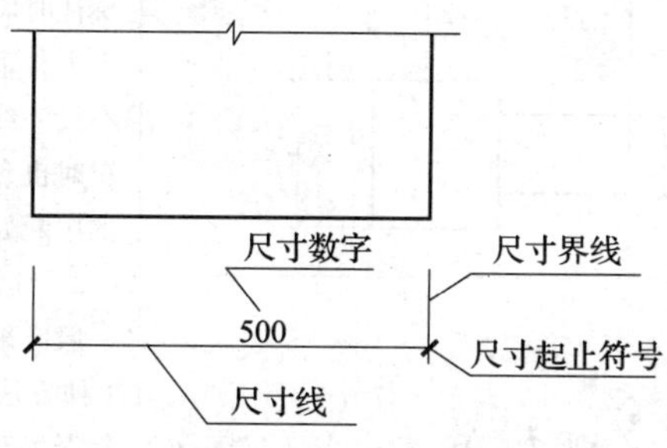

图 1—3　尺寸的组成

（2）尺寸的标注示例。各种尺寸标注示例见表 1—4。

表 1—4　　各种尺寸标注示例

分类	图例	说明
基本规则	40 20 15 38 1∶1　　40 20 15 38 1∶2	1. 物体的真实大小应以图样上所注的尺寸数值为依据，与图形的大小和绘图的准确度无关 2. 图样中的尺寸以毫米为单位时，不需注明计量单位的代号或名称，如采用其他单位，则必须注明相应的单位代号或名称 3. 物体的每一尺寸，在图样中一般只标注一次，并应标注在反映该结构最清晰的图形上 4. 图样中所注尺寸是该物体最后完工时的尺寸，否则应另加说明

续表

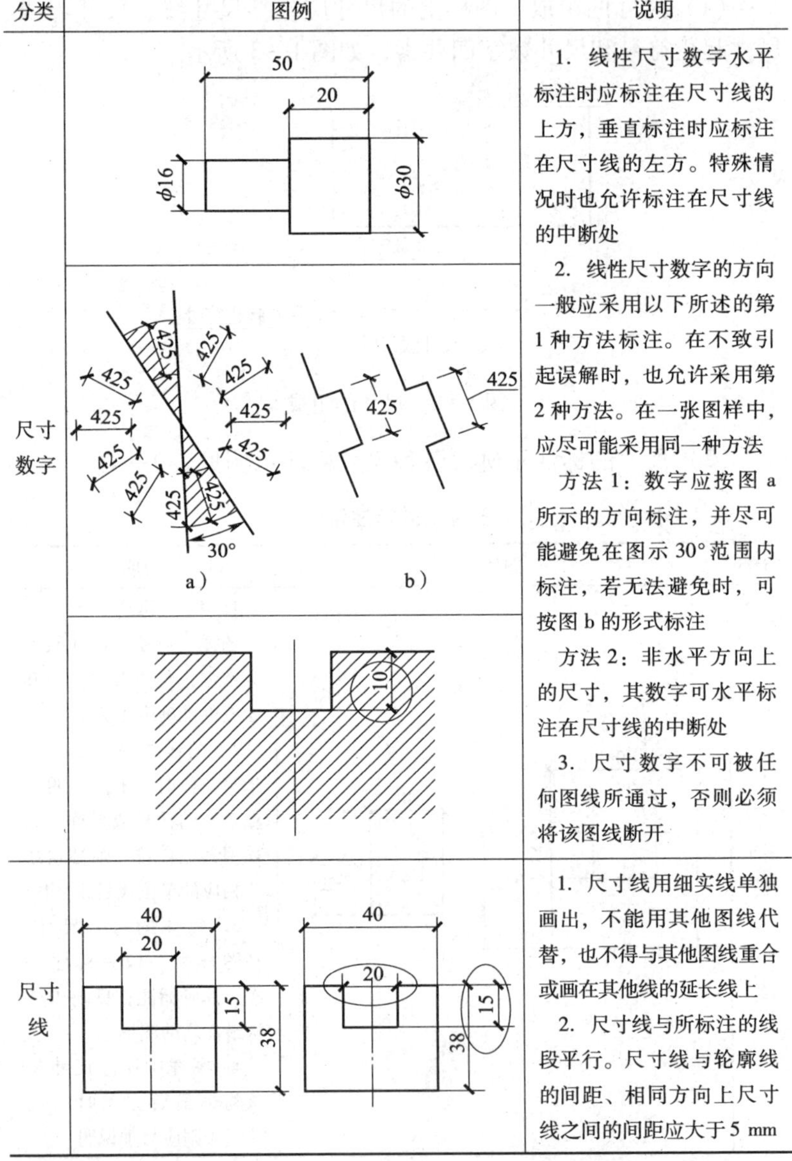

分类	图例	说明
尺寸数字	a）　b）	1. 线性尺寸数字水平标注时应标注在尺寸线的上方，垂直标注时应标注在尺寸线的左方。特殊情况时也允许标注在尺寸线的中断处 2. 线性尺寸数字的方向一般应采用以下所述的第1种方法标注。在不致引起误解时，也允许采用第2种方法。在一张图样中，应尽可能采用同一种方法 方法1：数字应按图a所示的方向标注，并尽可能避免在图示30°范围内标注，若无法避免时，可按图b的形式标注 方法2：非水平方向上的尺寸，其数字可水平标注在尺寸线的中断处 3. 尺寸数字不可被任何图线所通过，否则必须将该图线断开
尺寸线		1. 尺寸线用细实线单独画出，不能用其他图线代替，也不得与其他图线重合或画在其他线的延长线上 2. 尺寸线与所标注的线段平行。尺寸线与轮廓线的间距、相同方向上尺寸线之间的间距应大于5 mm

续表

分类	图例	说明
尺寸界线	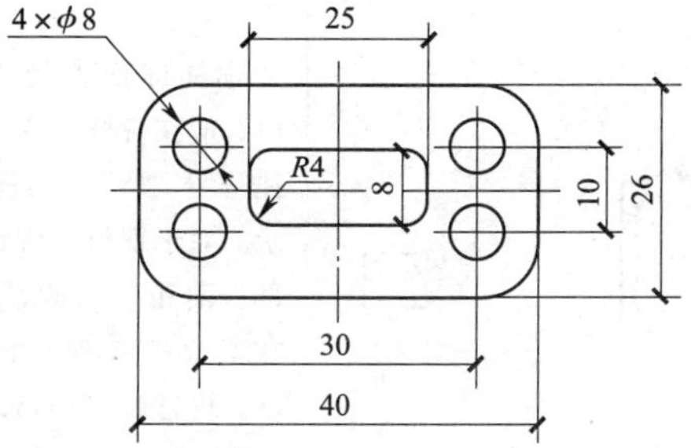 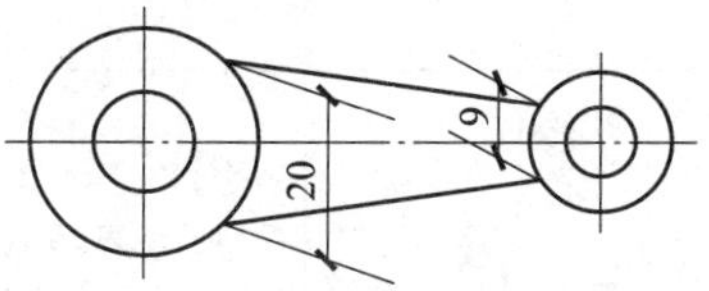	1. 尺寸界线用细实线绘制，由图形的轮廓线、轴线或对称中心线处引出。也可直接利用它们做尺寸界线 2. 尺寸界线一般应与尺寸线垂直。当尺寸界线贴近轮廓线时，允许与尺寸线倾斜 3. 在光滑过渡处标注尺寸时，必须用细实线将轮廓线延长，从它们的交点处引出尺寸界线
尺寸线终端	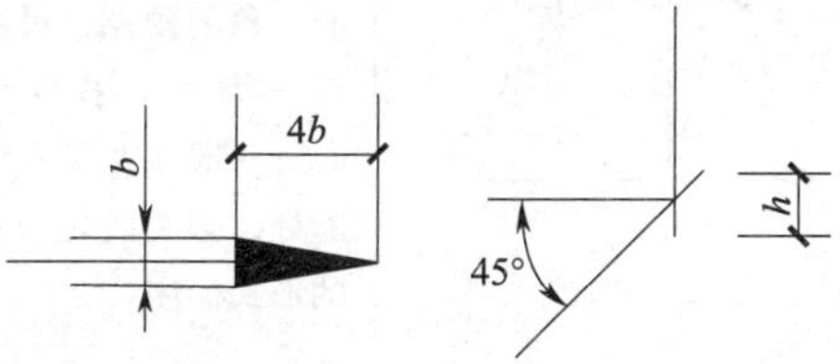	箭头尖端与尺寸界线接触，不得超出也不得分开。尺寸线与尺寸界线必须垂直
直径与半径	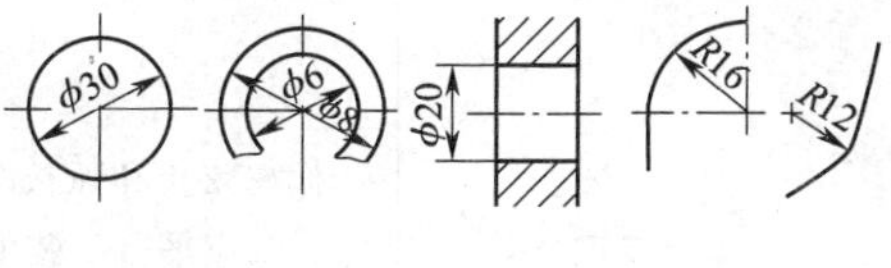 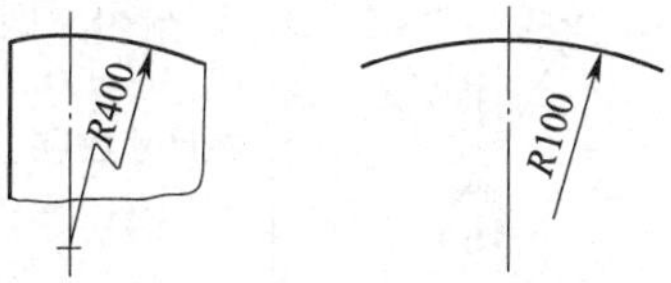	1. 标注直径时，应在尺寸数字前加注符号“ϕ”；标注半径时，应在尺寸数字前加注符号“R” 2. 当圆弧的半径过大或在图纸范围内无法注出其圆心位置时，可按图 a 的形式标注；若不需要标注出其圆心位置时，可按图 b 形式标注，但尺寸线应指向圆心

续表

分类	图例	说明
球面直径与半径	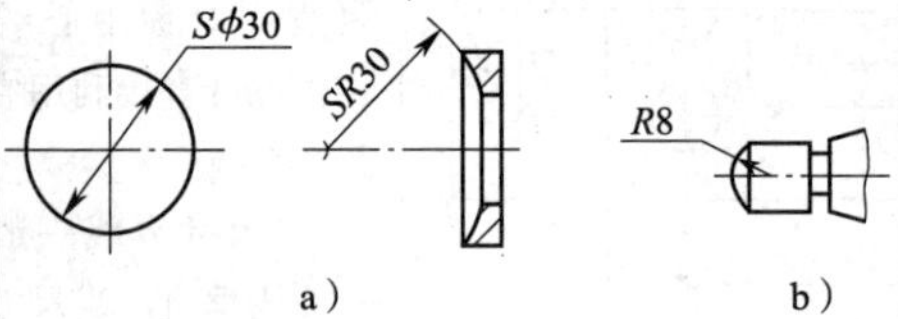	标注球面直径或半径时，应在符号 ϕ 或 R 前加注符号“S”，如图 a 所示。对于螺钉、铆钉的头部、轴和手柄的端部等，在不致引起误会的情况下，可省略符号 S，如图 b 所示
角度	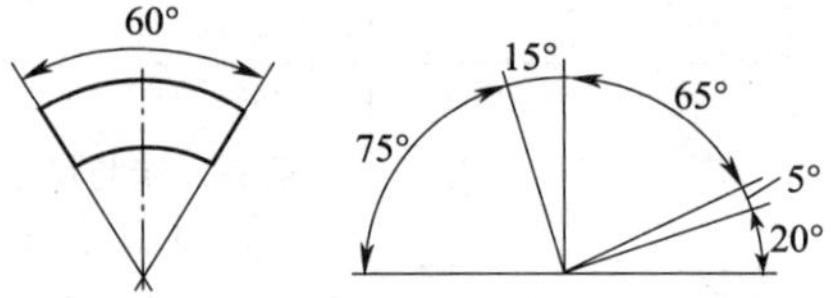	尺寸界线应沿径向引出，尺寸线画成圆弧，圆心是角的顶点，尺寸数字应一律水平书写（见图 a），一般注在尺寸线的中断处，必要时也可按图 b 的形式标注
弦长与弧长	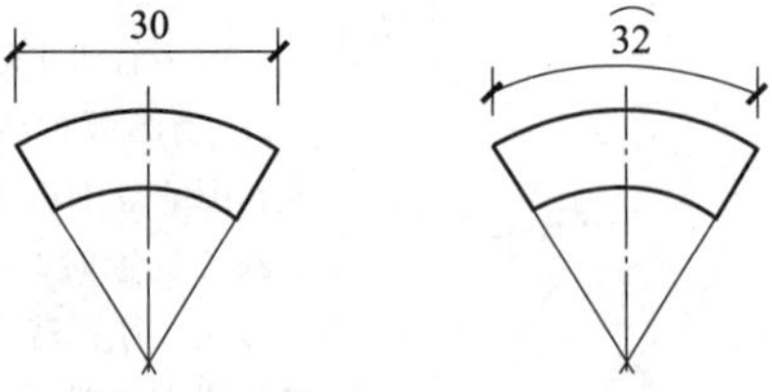	标注弦长和弧长时，尺寸界线应平行于弦的垂直平分线；标注弧长尺寸时，尺寸线用圆弧，并应在尺寸数字上方加注符号“⌒”

续表

分类	图例	说明
狭小部位	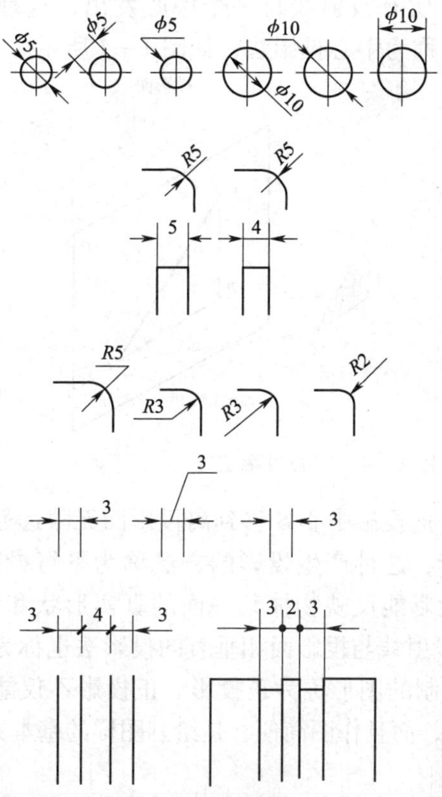 φ5 φ5 φ5 φ10 φ10 φ10 R5 R5 5 4 R5 R3 R3 R2 3 3 3 3 4 3 3 2 3	1. 在没有足够的位置画箭头或标注数字时，可将箭头或数字布置在外面，也可将箭头和数字都布置在外面 2. 几个小尺寸连续标注时，中间的箭头可用斜线或圆点代替

二、工程制图的基本方法

工程制图的基本方法是投影分析法。

1. 投影的基本概念

物体在阳光或灯光的照射下，会在地面或墙面上留下影子。把能够产生光线的光源称为投影中心，光线称为投影线或投射线，承接影子的平面称为投影面。这种把空间形体转化为平面图形的方法称为投影法。

根据投射线之间的相互关系，可将投影分为中心投影和平行投影。

（1）中心投影法。所有投射线自一个中心发出，这种投射线交会于一点的投影法称为中心投影法，如图 1—4 所示。

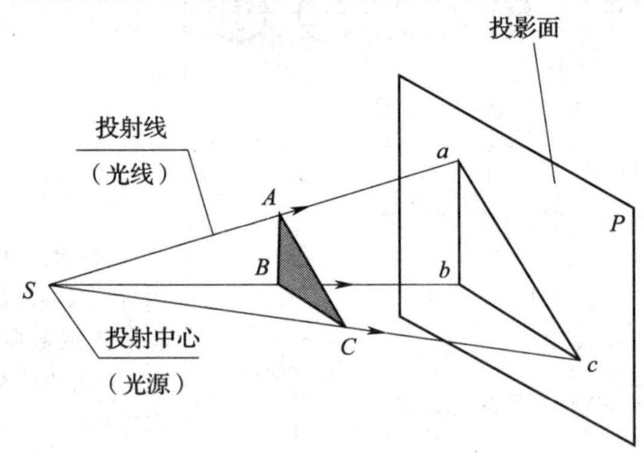

图 1—4　中心投影法

（2）平行投影法。把投影中心 S 移到离投影面无限远处，则投影线可视为互相平行，这种产生投影的方法称为平行投影法。物体在该投影面上的投影能反映物体某一面的真实形状和大小，如图 1—5 所示。这种投射线与投影面相垂直的投影法也称为正投影法。用正投影法所绘制的图形称为正投影。正投影不仅能反映物体真实的形状和大小，而且作图简便，是绘制图样的基本方法。

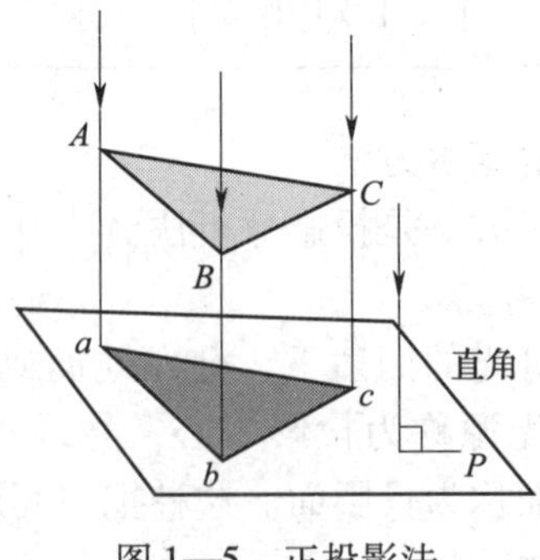

图 1—5　正投影法

2．三视图

用正投影的方法所绘制的物体的图形称为视图。将物体放置于三面投影体系中（见图1—6），把物体的主要表面与三个投影面对应平行，然后用三组分别垂直于三个投影面的平行投射线进行投影，即可得到三个方向的正投影图，如图1—7所示。从上向下投影得到水平投影，从前向后投影得到正面投影，从左向右投影得到侧面投影。物体在水平投影面所得为俯视图，在正面投影面所得为主视图，在侧面投影面所得为左视图。图1—8所示为正投影面的展开图。

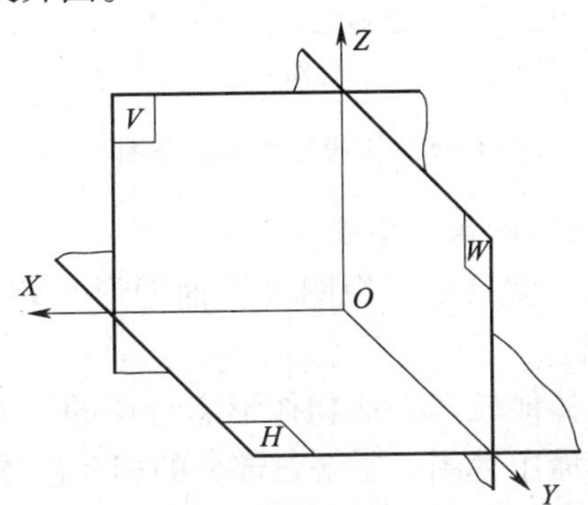

图1—6　三面投影体系

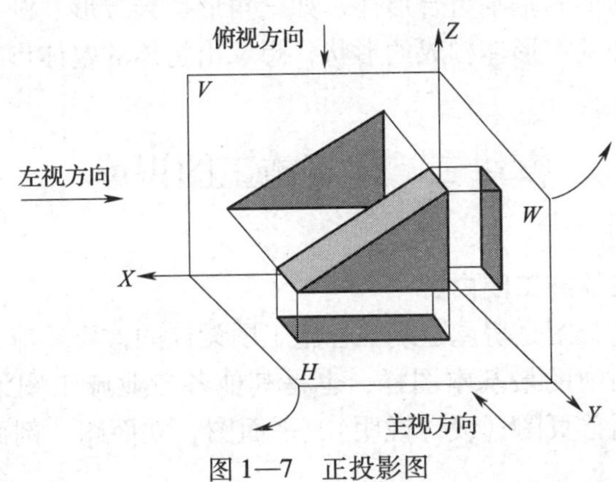

图1—7　正投影图

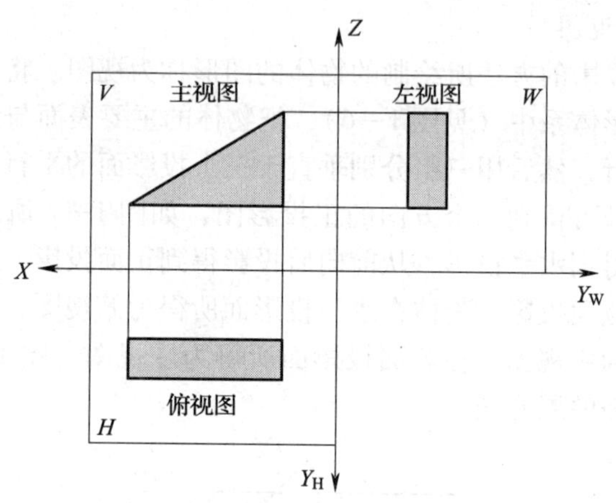

图 1—8　正投影面的展开图

3．识读三视图的基本要领

识读三视图，就是由三视图（平面图形）想象出物体（空间形状）的过程。

绘图时，选择能较多表达物体形态特征的一面作为主视图。读图时首先要读懂主视图，了解各部分的相互位置关系；其次根据主视图特点，联系俯视图、左视图的投影关系，还要想象和描绘出构成图形的基本组合形体，如三角形、长方形、圆孔等；最后综合各种基本形体构成的形状，想象出物体的整体形状。

模块二　建筑施工图识读

一、建筑施工图内容

建筑施工图是房屋建筑工程施工图设计的首要环节，是建筑工程施工图中的最基本图样，也是其他各专业施工图设计的依据。它包括首页图（设计说明）、平面图、立面图、剖面图和详图等。

1. 首页图

首页图是建筑施工图的第一页，一般包括设计说明、室内外工程做法、门窗表、图样目录和简单的总平面图。以下介绍设计说明和总平面图。

（1）设计说明。设计说明是将工程的概况和总体的设计要求，用文字或表格的形式详细地表达出来。它主要说明工程的设计依据、工程概况，如建设地点、建筑面积、平面形式、建筑层数、抗震设防烈度、主要结构类型及相对标高与总图绝对标高的关系等，此外，还包括建筑材料说明、施工要求和有关技术经济指标等内容。

（2）总平面图。总平面图是新建房屋在基地范围内的总体布置图，是新建房屋范围内的水平正投射线。它反映新建房屋的平面形状、位置、标高、朝向及其与周围原有的建筑和道路、河流、地形等的关系。它是新建房屋定位、施工放线、土石方施工、现场布置的依据。

2. 建筑平面图

建筑平面图主要反映房屋的平面形状、大小和房间的相互关系、内部布置、墙的位置、厚度和材料、门窗的位置以及其他建筑构配件的位置和大小等。它是施工放线、砌墙、安装门窗、室内装修和编制预算的重要依据。

建筑施工图中一般包括下列几种平面图：

（1）地下室平面图。表示房屋建筑地下室的平面形状、各房间的平面布置和楼梯布置等情况。

（2）底层（首层）平面图。表示房屋建筑底层的布置情况。在底层平面图上还需反映室外可见的台阶、散水、花台、花池等。此外，还应标注剖切符号和指北针。

（3）楼层平面图。表示房屋建筑中间各层和最上一层的布置情况，楼层平面图还需画出本层的室外阳台和下一层的雨篷、遮阳板等。

（4）屋顶平面图。屋顶平面图是在房屋的上方，向下做屋顶外形的水平投射线而得到的投射线图。用它表示屋顶情况，如屋面排水的方向、坡度、雨水管的位置、上人孔和其他建筑配件的位置等。

3. 建筑立面图

在与房屋立面平行的投影面上所作的正投影图，称为建筑立面图，简称立面图。它主要反映房屋的外貌、各部分配件的形状和相互关系及立面装修做法等。它是建筑和装饰施工的重要图样。

根据建筑物外形的复杂程度，所需绘制的立面图的数量也不同。建筑立面图一般有三种命名方式。

（1）按房屋的朝向来命名，如南立面图、北立面图、东立面图、西立面图。

（2）按立面图中首尾轴线编号来命名，如①~⑤立面图。

（3）按房屋立面的主次（房屋主出入口所在的墙面为正面）来命名，如正立面图、背立面图、左侧立面图、右侧立面图。

4. 建筑剖面图

假想用一个或一个以上的垂直于外墙轴线的铅垂剖切平面将房屋剖开，移去靠近观察者的部分，对剩余部分所作的正投影图称为建筑剖面图，简称剖面图。它主要反映房屋内部垂直方向的高度、分层情况，楼地面和屋顶的构造以及各构配件在垂直方向上的相互关系。它与平面图、立面图相配合，是建筑施工图的重要图样。

剖面图的剖切部位，应根据房屋的复杂程度，在平面图上选择能反映全貌、构造特征和有代表性的部位剖切。一般剖切面应通过门窗洞口、楼梯间等结构复杂或有代表性的位置。剖面图的图名应与平面图上所标注剖切位置的编号一致，剖切符号标在底层平面图中。

5. 建筑详图

由于建筑平面图、立面图、剖面图通常采用1:100等较小的比例绘制，对房屋的一些细部（也称节点）的详细构造，如形状、层次、尺寸、材料和做法等无法完全表达清楚。因此，为了满足施工的需要，必须分别将这些内容用较大的比例详细画出图样，这种图样称为建筑详图，简称详图。它是建筑细部的施工图，是对建筑平面图、立面图、剖面图等基本图样的深化和补充，是建筑工程细部施工、建筑构配件制作和编制预算的依据。

详图的绘制比例，一般常采用1:50、1:20、1:10、1:5、1:2、1:1等。一般房屋的详图有墙身节点详图、楼梯详图和室内外构配件（如室外的台阶、花池、花格、雨篷等，室内的厕所、卫生间、壁柜和门窗等）详图。

二、建筑施工图的识读

1. 建筑平面图的识读

现以图1—9所示的建筑平面图为例，说明平面图的图示内容和识读步骤。

（1）了解图名、比例及文字说明。图1—9所示为某小区别墅底层平面图，比例为1:50。

（2）了解平面图的总长、总宽的尺寸，以及内部房间的功能关系，布置方式等。该别墅平面基本形状为矩形。总长18.50 m，总宽14.90 m，一幢两户，对称布置。

（3）了解纵横定位轴线及其编号。主要房间的开间、进深尺寸；墙（或柱）的平面布置。相邻定位轴线之间的距离，横向的称为开间，纵向的称为进深。从定位轴线可以看出墙（或柱）的布置情况。该别墅有七道纵墙，纵向轴线编号为Ⓐ~Ⓖ，五道横墙，横向轴线编号为①~⑤。

客厅开间5.40 m，进深7.20 m；书房开间3.60 m，进深6.30 m；餐厅开间5.40 m，进深4.50 m；厨房开间3.60 m，进深3.60 m。

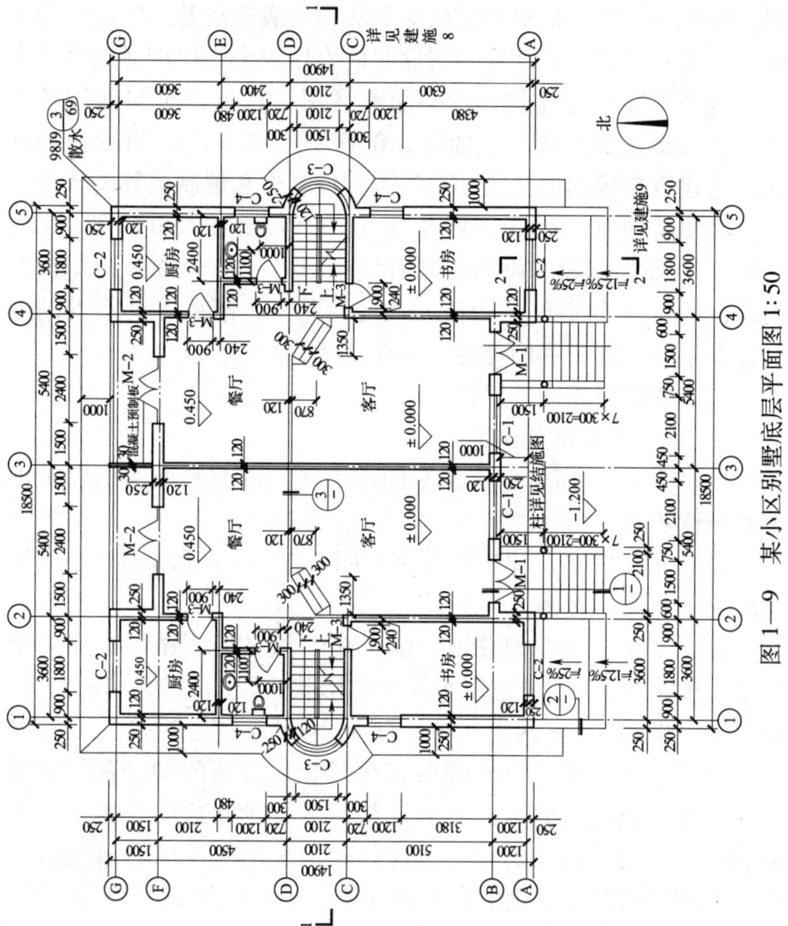

图 1—9 某小区别墅底层平面图 1:50

该楼所有外墙厚370 mm，定位轴线均为偏轴线（外250 mm，内120 mm）；所有内墙厚240 mm，定位轴线均为中轴线（轴线居中）。

（4）了解平面各部分的尺寸。平面图尺寸以毫米为单位，标高以米为单位。平面图的尺寸标注有外部尺寸和内部尺寸两部分。

①外部尺寸。建筑平面图的下方及侧向一般标注三道尺寸。最外一道是外包尺寸，表示房屋外轮廓的总尺寸；中间一道是轴线间的尺寸，表示各房间的开间和进深的大小；最里面的一道是细部尺寸，表示门窗洞口和窗间墙等水平方向的定型和定位尺寸。

底层平面图中还应标出室外台阶、花台、散水等尺寸。

②内部尺寸。内部尺寸应注明内墙门窗洞的位置及洞口宽度、墙体厚度、设备的大小和定位尺寸。内部尺寸应就近标注。

此外，建筑平面图中的标高，除特殊说明外，通常都采用相对标高，并将底层室内主要房间地面定为±0.000。在该建筑底层平面图中，客厅、书房地坪定为标高零点（±0.000），餐厅、厨房及卫生间地面标高为0.450 m，室外地坪标高为-1.200 m。

（5）了解门窗的布置、数量和型号。建筑平面图中，只能反映出门窗的位置和宽度尺寸，而它们的高度尺寸、窗的开启形式和构造等情况是无法表达出来的。为了便于识读，在图中采用专门的代号标注门窗，其中门的代号为M，窗的代号为C，代号后面用数字表示它们的编号，如M—1、M—2等和C—1、C—2等。一般每个工程的门窗规格、型号、数量都由门窗表说明。

（6）了解房屋室内设备配备等情况。如该别墅卫生间设有盥洗台、坐便器等。

（7）了解房屋外部的设施，如散水、雨水管、台阶等的位置及尺寸。

（8）了解房屋的朝向和剖面图的剖切位置、索引符号等。底层平面图中需画出指北针，以表明建筑物的朝向。通过右下角指北针，可以看出该建筑坐北朝南。

2. 建筑立面图的识读

现以图 1—10 所示的建筑立面图为例，说明其图示内容和识读步骤。

（1）了解图名及比例。从图名或轴线的编号可知，该图是表示房屋南向的立面图（①～⑤立面图），比例为 1∶50。

（2）了解立面图与平面图的对应关系。对照建筑底层平面图上的指北针或定位轴线编号，可知南立面图的左端轴线编号为①，右端轴线编号为⑤。

（3）了解房屋的体形和外貌特征。如图 1—10 所示可知，该别墅为三层，其下方有地下室，顶层上部有一层阁楼，立面造型对称布置，局部为斜坡屋顶。入口处有台阶、雨篷、雨篷柱；其他位置门洞处设有阳台；墙面设有雨水管。

（4）了解房屋各部分的高度尺寸及标高数值。立面图上一般应在室内外地坪、阳台、檐口、门、窗、台阶等处标注标高，并宜沿高度方向注写某些部位的高度尺寸。从图 1—10 标高可知，房屋室外地坪比室内地面低 1.2 m，屋顶最高处标高 12.9 m，由此可推算出房屋外墙的总高度为 14.1 m。其他各主要部位的标高在图中均已注出。

（5）了解门窗的形式、位置和数量。该楼的窗户均为塑钢双扇推拉窗，阳台门为四扇，入户门为双扇带亮子的平开门。

（6）了解房屋外墙面的装修做法。从立面图文字说明可知，外墙面为铁锈红瓷砖，屋顶和雨篷为红色琉璃瓦，所有檐口边、阳台边、墙面线条均刷白色涂料。

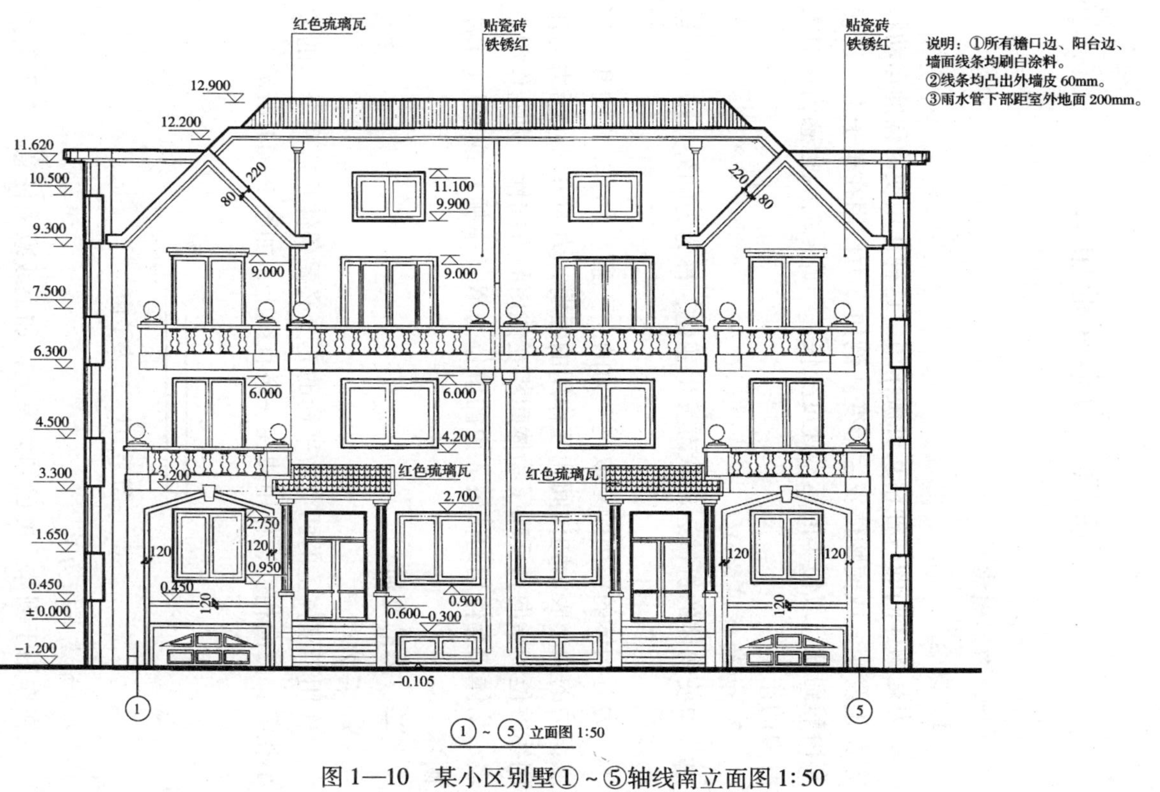

图 1—10　某小区别墅① ~ ⑤轴线南立面图 1:50

模块三　力学基础知识

一、力的概念

1．概念

力是物体间的一种相互机械作用。这种作用使物体的运动状态发生改变，或使物体发生形变。例如，力作用在车子上可以使车由静到动，或使车的运动速度变快，与此同时人也感到车对人有力的作用。

2．力的作用效应

力使物体的机械运动状态发生变化，称为力的外效应——运动效应。

力对物体的作用效果取决于力的三要素：大小、方向和作用点。力的大小表示物体间相互作用的强弱；力的方向包括力的作用线方位和指向，反映了物体间相互作用的方向性；力的作用点表示物体相互作用的位置。力的单位为 N（牛顿）或 kN（千牛顿）。

二、力的性质

1．二力平衡

作用于刚体上的两个力平衡的充分必要条件是这两个力的大小相等、方向相反、作用线在一条直线上，如图 1—11 所示。

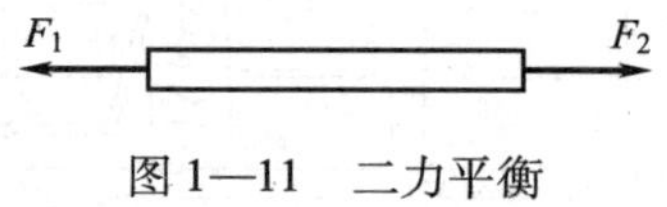

图 1—11　二力平衡

2．加减平衡力系

在作用于刚体上的已知力系上，加上或减去任意一个平衡力系，不会改变原力系对刚体的作用效应，如图 1—12 所示。

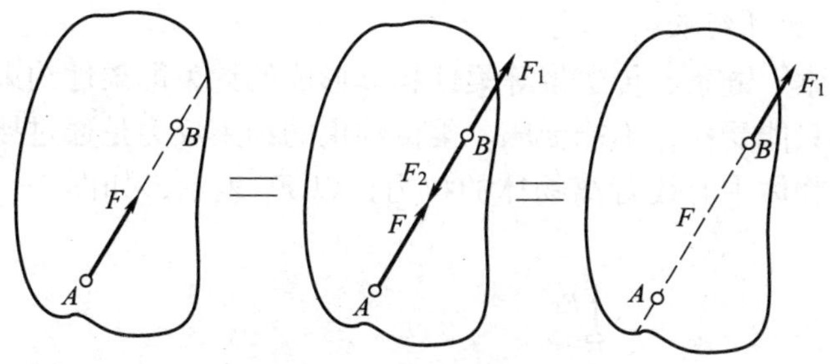

图 1—12　加减平衡力系

3. 力的平行四边形法则

作用于物体同一点的两个力，可以合成一个合力，合力也作用于该点，其大小和方向由以两个力为邻边的平行四边形的对角线表示，如图 1—13 所示。其矢量表达式为：

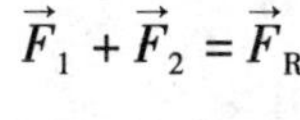

$$\vec{F}_1 + \vec{F}_2 = \vec{F}_R$$

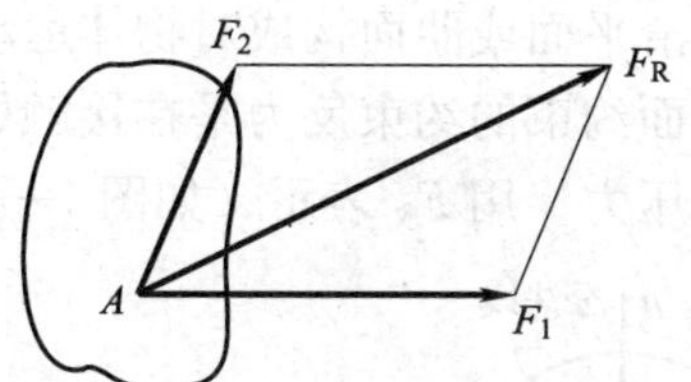

图 1—13　力的平行四边形法则

4. 作用力与反作用力定律

两个物体间相互作用的一对力，总是大小相等、方向相反、作用在同一条作用线上，并分别而且同时作用于这两个物体上。

三、约束、约束反力

凡是对一个物体的运动（或运动趋势）起限制作用的其他物体，就称为这个物体的约束。

约束既限制物体的运动，又给予该物体以作用力，约束施加在被约束物体上的力称为约束反力。下面介绍几种工程中常见的约束。

1．柔性约束

绳索、链条、传送带等柔性物体形成的约束即柔性约束。这些物体只能受拉，不能受压。柔性约束的约束反力是通过接触点沿柔性物体中心线背离物体的拉力，以 F_T 表示，如图 1—14 所示。

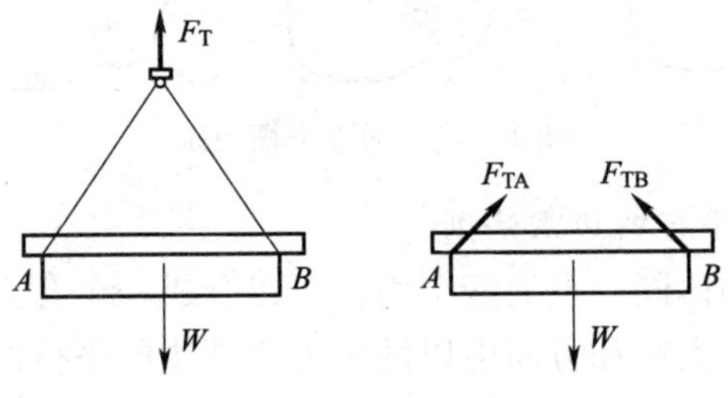

图 1—14　柔性约束

2．光滑面约束

不计摩擦的光滑平面或曲面构成对物体运动的限制时，称为光滑面约束。光滑面约束的约束反力是在接触处沿接触面的公法线，且指向物体的压力，用 F_N 表示，如图 1—15 所示。

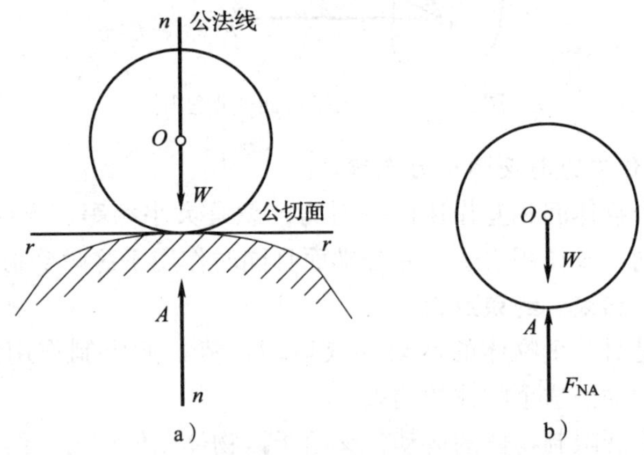

图 1—15　光滑面约束

a）示意图　b）简图

3. 固定铰链支座

构件与支座用光滑的圆柱铰链连接，构件不能产生沿任何方向的移动，但可以绕销钉转动，即约束反力一定作用于接触点，通过销钉中心，方向未定，可以用一个水平力 F_{XA} 和垂直力 F_{YA} 表示，如图 1—16 所示。

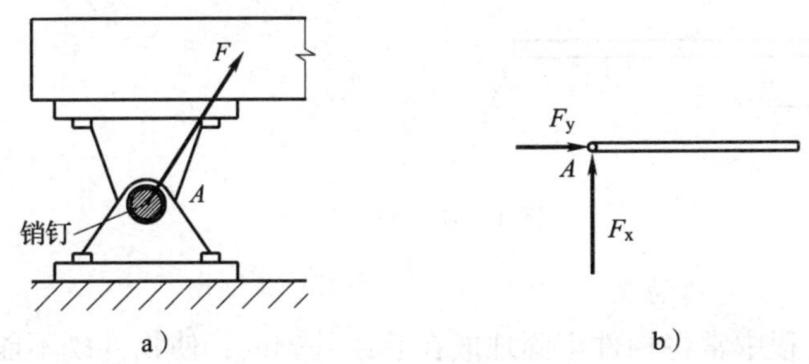

图 1—16 固定铰支座

a）示意图 b）简图

4. 可动铰链支座

在固定铰链支座的座体与支撑面之间有辊轴即称为可动铰链支座。这种支座的约束反力必垂直于支撑面，如图 1—17 所示。

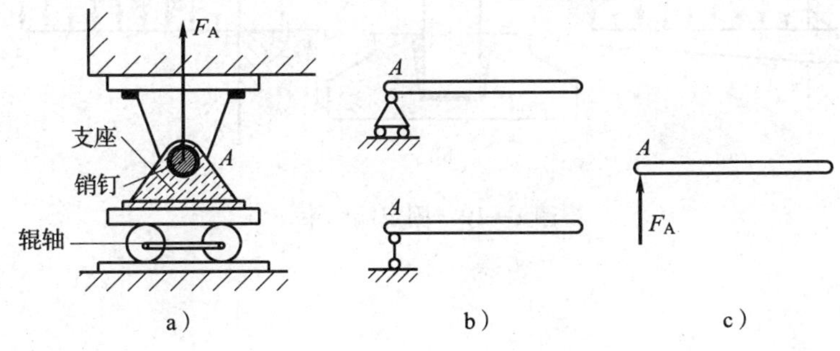

图 1—17 可动铰支座

5. 链杆约束

两端以铰链与不同的两物体分别连接且其自重不计的直杆称

为链杆。链杆的约束反力沿着链杆中心线，指向未定。链杆约束的简图及其反力如图 1—18 所示。

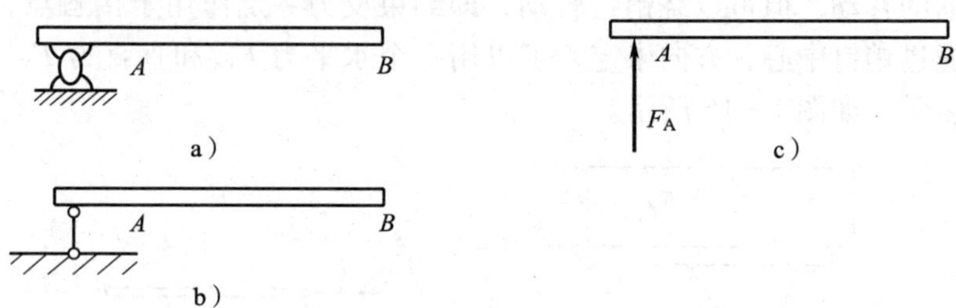

图 1—18　链杆约束

6. 固定端约束

工程中常将构件牢固地嵌在墙或基础内，使物件既不能在任何方向上移动，也不能自由转动，这种约束称为固定端约束。固定端约束的约束反力有三个：作用于嵌入处截面形心上的水平约束反力 F_x 和垂直约束反力 F_y，以及约束反力偶 M，如图 1—19 所示。

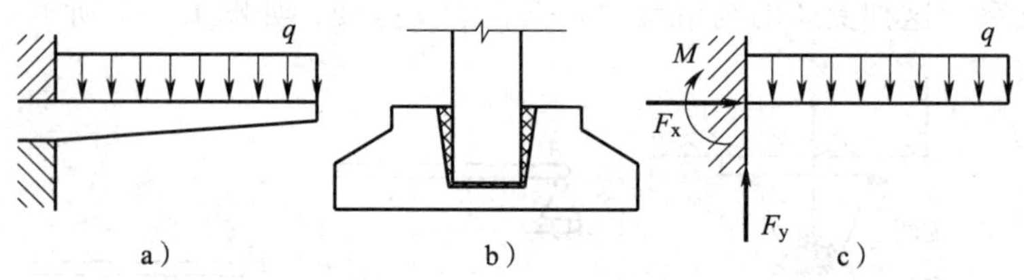

图 1—19　固定端约束

第二单元　木工常用材料

模块一　常用木材的基础知识

一、常用木材分类及特征

1．木材的分类

（1）按照树种可分为针叶树和阔叶树两种。针叶树的树叶细长如针，多为常绿树，树材质一般较软，有的含树脂，故称为软材类木材，如红松、落叶松等。

阔叶树的树叶宽大，叶脉为网状，大都为落叶树，树质较坚硬，故称为硬材类木材，如核桃木、榉木、水曲柳、红桦等。

（2）按材种可分为原木、板材、方材三类。

1）原木。原木是已经除去皮、根、树梢的木料，并已按一定尺寸加工成规定直径和长度。

2）板材。宽度大于等于厚度 3 倍的称为板材。板材又分为薄板、中板、厚板、特厚板几种。板材厚度小于 19 mm 的称为薄板，厚度为 19 ~ 35 mm 的称为中板，厚度为 35 ~ 65 mm 的称为厚板，厚度大于 65 mm 的称为特厚板。

3）方材。宽度小于厚度 3 倍的称为方材。按宽度和厚度相乘的面积大小可分为小方、中方、大方、特大方四种规格。小于 55 mm^2的称为小方，55 ~ 100 mm^2的称为中方，100 ~ 225 mm^2的称为大方，225 mm^2以上的称为特大方。

2．木材的构造

树干是构成木材的主要部分，由树皮、形成层、木质部和髓心四部分组成，占木材材积的 50% ~90%，如图 2—1 所示。

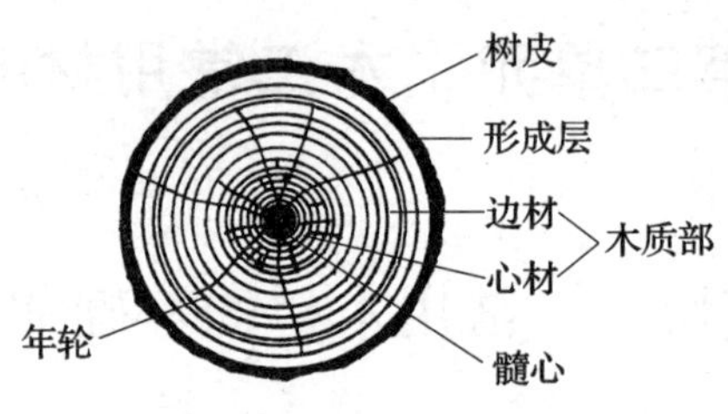

图 2—1　树干的横切面

（1）树皮。树皮是树干最外层的部分，它对木质部起保护作用，对识别原木树种很有意义。

（2）形成层。形成层是位于树皮与木质部中间的薄层，形成层向外分生韧皮细胞形成树皮，向内分生木质细胞构成木质部。

（3）木质部。木质部位于形成层和髓心之间，由边材和心材组成。边材是靠近树皮的部分，心材是靠近髓心的部分。

（4）髓心。髓心位于树干的中心，被木质部包围着，呈褐色或淡褐色，对木材识别有一定意义，但无多大利用价值。

（5）年轮。在木材的横切面上，有许多环绕髓心的同心圆，称为年轮或生长轮。年轮在木材径切面上呈直通的线条，在弦切面上呈现“V”形纹理。年轮清晰与否，也是识别木材的特征之一。有些树种的年轮清晰而规则，如红松和黄花松的年轮；有些树种年轮虽清晰，但不规则，如水曲柳的年轮弯曲，使木材呈现出美丽的花纹。

3. 木材的特征

在木材的识别中，常借助颜色、纹理、气味、光泽等特性加以识别。

（1）颜色。木材组织中含各种色素、树脂、树胶、单宁及油脂等物质，使木材呈现出各种颜色。如水曲柳与黄檗的花纹相似，呈黄色或黄褐色；色木、桦木均为散孔材，但色木比桦木略红一些。

（2）纹理。木材的年轮、木射线等组织在木材表面呈现的形式称为纹理或木纹，有直纹理、斜纹理和“V”形纹理。木材的纹理与树种和切削方式有关。针叶树组织简单，在径切面和弦切面上呈现比较规则的通直纹理或“V”形纹理。阔叶树组织丰富，木射线发达，纹理多变，形成各种各样的花纹。

（3）气味。不同树种的木材，气味也不相同。例如：在针叶树材中，松木具有松脂味，桧木、柏木有芳香气味，杉木具有独特的香气。在阔叶树材中，樟木具有樟脑气味，檀木有芳香气味，楸木略有煤油气味。

（4）光泽。因不同树种对光的吸收和反射能力不同，使木材呈现的光泽也有强有弱。如椴木与杨木均为白色或黄白色，但椴木的径切面和弦切面上常呈现出绢丝光泽，而杨木则没有此光泽；云杉与冷杉颜色基本相同，但云杉有光泽，而冷杉光泽很弱甚至没有光泽。

4. 木材的切面

木材的切割加工一般分为横切面、径切面、弦切面（见图2—2）。横切面是与树干相垂直的切面。径切面是通过髓心并与

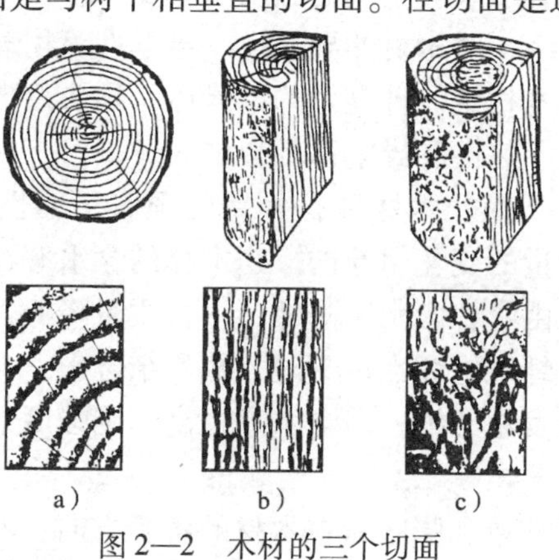

图2—2 木材的三个切面

a）横切面 b）径切面 c）弦切面

树干方向一致的切面，切面上条纹近似平行。弦切面是不通过髓心并与树干方向一致的切面，纹理呈“V”形条纹。

二、木材的基本性质

1. 木材的物理性质

（1）含水率。木材的含水率以木材中所含水重与干燥木材质量的比值（%）来表示。

木材内部所含水分根据其存在形式可分为自由水、吸附水和结合水三部分。自由水存在于细胞腔和细胞间隙中，与木材的密度、燃烧性、干燥性、淋透性有关；吸附水存在于细胞壁内；结合水是木材化学组成中的水。水分进入木材后，首先吸附在细胞壁内的细纤维间，成为吸附水，吸附水饱和后，其余的水成为自由水。木材干燥后，首先失去自由水，然后才失去吸附水。当木材细胞腔和细胞间隙中的自由水完全失去，细胞壁吸附水饱和时，木材的含水率称为木材的纤维饱和点。纤维饱和点是木材物理力学性质发生改变的转折点，是木材含水率是否影响其强度和干缩湿胀的临界值。

当木材的含水率与周围空气相对湿度达到平衡时，此时的含水率称为平衡含水率。空气的温度与湿度对木材平衡含水率起作用。含水率大小，对木材的导热性、导电性等物理性质有极大的影响，干燥的木材是一种良好的绝缘体，导热系数也很小；木材含水率提高，导热性和导电性都会增大。

（2）湿胀干缩。木材具有显著的湿胀干缩性，这是由细胞壁内吸附水含量的变化引起的。当木材的含水率在纤维饱和点以上时，蒸发自由水，含水率降低，木材质量降低，强度和胀缩无大的变化。在纤维饱和点以下时，蒸发结合水，含水率降低，强度增加，木材发生干缩；若含水率提高，则强度下降，木材发生膨胀。

木材的干缩量和膨胀量在木材的各个方向上不同。顺纹收缩量小，约为0.1%且仅为横纹的1%。横纹收缩量大，径向收缩为3% ~6%，弦向收缩为6% ~12%。木材的体积收缩量比较大，最多可达13.8%。由于径向和弦向的收缩量不一致，就导致了木材的变形和翘曲。

（3）密度。木材的密度是指天然木材单位体积的质量（kg/m^3）。

由于木材的树种及含水率不同，密度也不同。含水率越高，密度越大。一般以含水率为15%时的密度作为标准密度。根据木材的密度大小，可以概括表明一系列物理性质和力学性质的差别。如在含水率相同的情况下，密度大的木材，材质坚硬，强度大。

2. 木材的力学性质

木材的力学性质是指木材抵抗外力的能力。根据外力在木构件上作用的方向、位置不同，木构件有抗压、抗拉、抗弯和抗剪4种能力。

影响木材力学性质的主要因素有四个。

（1）含水率。含水率低，细胞壁物质变紧密，强度高。

（2）长期荷载。如果木材的应力小于一定极限，木材不会由于长期受力而发生破坏，这个应力极限称为木材的持久强度。木材的持久强度一般只有瞬间强度的50% ~60%。

（3）温度。木材对温度有较强的敏感性。通常在40 ~60℃的条件下，木材会缓慢地碳化，强度逐渐降低；超过60℃，木材中木纤维胶结物质受热而软化，木材开始分解变黑，强度显著下降。因此，温度达50℃以上的环境和部位，不宜采用木构件；在0℃以下时，木材含水率增大，也不宜使用。

（4）木材疵病。常见的木材疵病有木节、斜纹、裂纹、腐朽、虫害等，疵病对木材的力学性质均有影响。木节分为死节、活节、松软节、腐朽节等。斜纹指木纤维与树轴成一定交角，会导致抗拉强度降低。裂纹即破裂，会导致木材部分失去使用价值。

模块二　常用人造板材

人造板材是以木材为主要原料，或者以木材加工中剩下的边皮、碎料、刨花、木屑等废料为原料，经过加工处理而制成的板材。使用人造板材可以节约木材，提高木材的利用率。人造板材是应用广泛的木材代用材。

常见的人造板材有纤维板、胶合板、细木工板和刨花板等。

一、纤维板

纤维板（见图2—3）是以植物纤维为主要原料，经过纤维分离、重新交织成形、干燥和热压等工序制成的一种人造板。其植物纤维有木纤维、棉秆纤维、竹纤维、麻秆纤维等。根据采用的植物纤维种类，分别得到相应名称的纤维板，其中主要以木纤维为原材料的居多，而且性能稳定。

图2—3　纤维板

纤维板可分为硬质纤维板、半硬质纤维板和软质纤维板三种。硬质纤维板表面密度大、强度高，半硬质纤维板次之。硬质纤维板可用作地板、隔墙板、夹板门、面板、定型模板和家具等。软质纤维板表面密度小，结构疏松，是保温、隔热、吸声和绝缘的好材料。

纤维板的结构比天然木材均匀，避免了天然木材的缺陷；胀缩性小；便于加工、起线、铣型；表面平整，易于粘贴饰面；变形小，翘曲小，比木板好；内部结构均匀，有较高的抗弯强度和冲击强度。特别是具有绝缘性能的软质纤维板和半软质纤维板经过各种艺术装饰的处理，不仅可以增添美学效果，而且吸声和保温效果俱佳。纤维板在建筑和室内装饰中的应用十分广泛。

二、胶合板

胶合板（见图2—4）是利用圆木旋切成单板，经干燥、涂胶后热压成胶合板。为克服木材各向异性的缺陷，相邻两层单板的木纹排列成互相垂直或成一定角度。

图2—4　胶合板

胶合板正、背两面单板的木纹是同向，因而组成的胶合板层数为奇数，常用的胶合板是三层、五层、七层，俗称为三夹板、五夹板、七夹板，或称三合板、五合板、七合板等。

由于胶合板生产工艺是把优质单板作为面层（如柚木单板、水曲柳单板、椴木单板等），把有天然缺陷的单板修补或剔除缺陷后作为芯板或背板，各层单板排列时木纹互相成一定角度层叠而成，故横纹与顺纹方向机械强度趋于平衡，顺纹和横纹方向的膨胀基本一致，这样装饰板面就不会翘曲。它既保持了木材原有的低热导率和电阻大的特性，还具有良好的隔声性，而且隔潮湿空气或其他气体的效能也良好，因此，胶合板在工程中应用非常广泛。

胶合板的厚度有 2.7 mm、3 mm、3.5 mm、4.5 mm、5.5 mm、6 mm 等，自 6 mm 起，厚度按照 1 mm 递增。

胶合板的幅面尺寸主要有 915 mm × 915 mm、915 mm × 1 220 mm、915 mm × 1 830 mm、915 mm × 2 135 mm、1 220 mm × 1 220 mm、1 220 mm × 1 830 mm、1 220 mm × 2 135 mm 和 1 220 mm × 2 440 mm。

胶合板可用于室内空间的墙面、墙裙、造型面、天棚。室内装饰时，常用的胶合板有三层胶合板、五层胶合板。它的表面可用透明涂饰也可用色漆涂饰。透明涂饰可保留木材原特色，清晰地显现木纹。色漆涂饰能把胶合板表面的色泽、纹理、缺陷等遮盖住。此外胶合板还可以固定于墙面或墙裙，然后在其表面粘贴壁纸、墙布作为装饰面。

三、细木工板

细木工板（见图 2—5）是将厚度相同的木条，顺着一个方向平行排列，拼合成芯板，再按相邻层纤维方向互相垂直的原则，在它的两面各粘贴两层或一层单板。细木工板结合了胶合板与实木板的优点，利用大量小料而且不变形。

细木工板的规格有 1 830 mm × 915 mm、2 135 mm × 915 mm、1 220 mm × 1 220 mm、1 830 mm × 1 220 mm、2 135 mm × 1 220 mm、2 440 mm × 1 220 mm、1 525 mm × 1 525 mm 和 1 830 mm × 1 525 mm，常用的厚度为 15 ~ 25 mm。

四、刨花板

刨花板（见图 2—6）是利用胶黏剂（合成树脂胶）在一定的温度和压力下，把破碎成一定规格的碎木、刨花胶合而成的一种人造板。刨花板按密度可分为低密度刨花板（密度为 450 kg/m^3）、小密度刨花板（密度为 550 kg/m^3）、中密度刨花板（密度为 750 kg/m^3）、高密度刨花板（密度为 1 090 kg/m^3）。

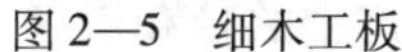

图 2—5　细木工板

图 2—6　刨花板

刨花板的特点是板面平，结构均匀密实、无节疤和木纹，不变形，不翘曲，可锯，可钻孔，可胶接，可砂光，可与实木一样加工，但钉着力较差。可用于墙顶、天棚装饰，其常用规格为 915 mm×1 220 mm、915 mm×1 525 mm、915 mm×1 830 mm、915 mm×2 130 mm、1 220 mm×1 220 mm、1 220 mm×1 525 mm、1 220 mm×1 830 mm 和 1 220 mm×2 440 mm，其厚度为 6 mm、8 mm、10 mm、12 mm、19 mm 和 22 mm 等。

模块三　常用胶黏剂

胶黏剂又称黏结剂，是一种能在两种被结合物体表面形成介质薄膜，使之粘接在一起的液态、膏状或固体、粉末状材料，是建筑装饰中不可缺少的材料之一。胶黏剂不但应用于生产各种新型建筑材料，如石膏板、稻草板、人造大理石、矿棉、玻璃棉制品和各种建筑装饰装修材料，而且广泛应用于建筑施工中，如墙面、地面、吊顶工程的装修粘接和屋面、地下防水、保温、管道工程、防腐工程、新旧混凝土的接缝和金属基础的修补等。

一、胶黏剂的种类

木工常用的胶黏剂有氯丁橡胶胶黏剂、乙酸乙烯酯乳液、聚乙烯醇缩甲醛、环氧树脂类胶黏剂、聚乙酸乙烯酯类胶黏剂等。

1．氯丁橡胶胶黏剂

氯丁橡胶胶黏剂（见图2—7）是一种溶剂型胶黏剂，常用于室内的木器、地毯与地面、塑料与木质材料等的粘接。它具有粘接力强、应用范围广、干燥速度快、制造简易、使用方便等特点。

氯丁橡胶胶黏剂的主要有害物质是溶剂中的苯和甲苯。氯丁橡胶胶黏剂使用的溶剂主要有两类：一是无毒性或毒性较低的溶剂，如乙酸乙酯、120号汽油等；另一类是有毒或毒性较大的溶剂，如苯（毒性很大）、甲苯（有一定毒性）等。选购时，应严格按照国家强制性标准《室内装饰装修材料　胶黏剂中有害物质限量》（GB 18583—2008）对这类胶黏剂中苯、甲苯、二甲苯和总挥发性有机物含量上限的规定选择。

2．乙酸乙烯酯乳液（俗称白乳胶）

白乳胶（见图2—8）是由乙酸与乙烯合成乙酸乙烯，再经乳液聚合而成，具有常温固化、配制使用方便、固化较快、粘接强度较高，粘接层具有较好的韧性和耐久性，不易老化。

图2—7　氯丁橡胶胶黏剂

图2—8　白乳胶

白乳胶主要用于内墙涂刷，塑料地板、地毯与地面的粘接，木器与木工，人造板、瓦楞纸和纸箱的粘接等，用途十分广泛，是目前市场上用量最大的水性聚合物。白乳胶的主要有害物质也是游离甲醛。选购时，必须符合国家强制性标准《室内装饰装修材料胶黏剂中有害物质限量》（GB 18583—2008）对白乳胶中游离甲醛含量的限制。

3．聚乙烯醇缩甲醛（俗称 108 胶、801 胶）

聚乙烯醇缩甲醛胶黏剂（见图 2—9）是由聚乙烯醇和甲醛为主要原料，加入少量盐酸、氢氧化钠和水，在一定条件下缩聚而成的。

图 2—9　聚乙烯醇缩甲醛

108 胶在我国建筑工程中应用较早也十分广泛，可以与水泥等物质复合，粘接各种建筑装饰材料。水溶性聚乙烯醇缩甲醛的耐热性好，胶接强度高，施工方便，用作胶黏塑料壁纸、贴墙布、瓷砖等装饰材料。108 胶也用于墙、棚涂饰的打底基础材料。在室内应用时要注意其甲醛释放所产生的污染，游离甲醛具有强烈的刺激性气味，对人体的呼吸道和中枢神经有刺激和麻醉作用，毒性较大，容易造成对人身的伤害和对环境的污染。

4．环氧树脂类胶黏剂

环氧树脂类胶黏剂（俗称“万能胶”，见图 2—10），是以二酚基丙烷和环氧氯丙烷缩聚而成，再加入适量固化剂，在一定条件下，固化成网状结构的固化物，并将两种被黏物体牢牢黏结为一体。这类胶黏剂具有黏结强度高，收缩率小，耐腐蚀，电绝缘性好，而且耐水、耐油等特点。

环氧树脂类胶黏剂对于木材、铁制品、塑料、玻璃、皮革、陶瓷、水泥制品、纤维材料等都具有良好的黏结能力。

5．聚乙酸乙烯酯类胶黏剂

聚乙酸乙烯酯类胶黏剂（见图2—11）是由乙酸乙烯单体经聚合反应而得到的一种热塑胶。

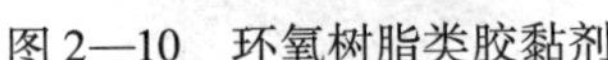
图2—10　环氧树脂类胶黏剂

图2—11　聚乙酸乙烯酯类胶黏剂

该胶可分为溶液型和乳液型两种。其中聚乙酸乙烯乳液（又称白乳胶）是一种白色黏稠液体，含固量一般为50%，pH值为4~6，呈酸性，是水溶性、黏结亲水性的材料，湿润能力较强。

二、胶黏剂的选用

1．尽量到有一定规模的建材市场选购胶黏剂，大型的建材市场具有严格的进货制度，产品质量有保障。

2．选择胶黏剂应特别注意产品名称、规格型号，万能胶产品首选氯丁橡胶类胶黏剂，白乳胶产品要首选聚乙酸乙烯酯乳液木材胶黏剂等。

3．选用胶黏剂时要看其外包装是否标明符合《室内装饰装修材料胶黏剂有害物质限量》（GB 18583—2008）标准规定的字样。

4．不宜选用外包装粗糙、容器外形歪斜、使用说明等文字印刷模糊的商品。

5．使用前要查看胶黏剂胶体是否均匀、无分层、无沉淀，开启容器时无刺激性气味。

6．注意产品用途说明与选用要求是否相符。

三、提高胶黏剂黏结强度

在工程中影响胶黏剂黏结强度的因素主要有胶黏剂的性质、胶黏剂对被粘接物体表面的湿润性、被粘接物体表面状况、黏结工艺、环境因素等。为了提高胶黏剂在工程中的黏结强度，达到工程要求，在黏结时要注意以下几点：

1．要将黏结面清洗干净，除去被黏结物表面的水分、油污、锈蚀和漆皮等杂物。

2．胶层要薄涂、涂匀。胶黏剂会随着胶层的增厚而降低胶接强度。但胶层不能过薄，否则就会产生缺胶的现象，也不利于胶接。

3．晾置时间要充足。对含有稀释剂的胶黏剂，胶接前一定要先放置，使稀释剂充分挥发，否则会在胶层内产生气泡或疏松现象，会大大影响胶接强度。

4．黏结固化要完全。胶黏剂的固化一般要有一定的压力、温度和时间。一定的压力有助于胶液的流动和湿润，保证胶层的均匀和致密，使气泡从胶层中挤出。温度是胶层固化的主要条件。适当提高温度有助于胶层内分子间的渗透和扩散，有助于气泡的溢出和增加胶液的流动性。通常情况下，温度越高，胶层固化越快，但也不宜过高，否则会使胶黏剂发生分解，影响黏结强度。

第三单元　木工常用量具、工具和机械

模块一　木工常用量具和手工工具

一、量具

1．量尺

木工手工用量尺主要有钢卷尺和木折尺，如图 3—1 所示。

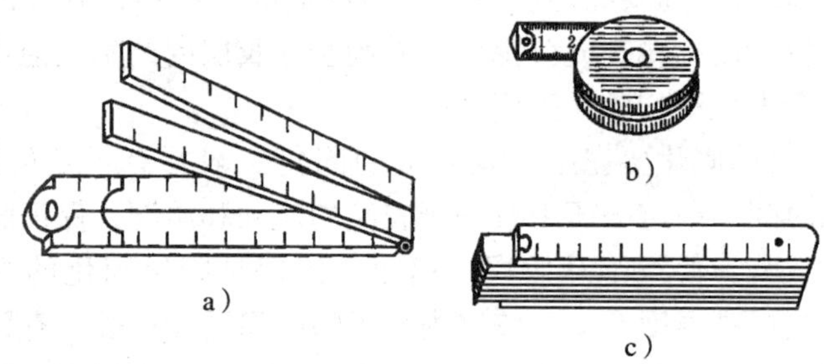

图 3—1　量尺

a）四折木尺　b）钢卷尺　c）八折木尺

（1）钢卷尺。钢卷尺用不锈钢薄板制成，卷装在钢（或其他材料）制成的小盒内，尺长分别为 1 m、2 m、3 m 和 5 m。钢卷尺携带方便，测量尺寸比较准确，应用广泛，是木工必备的一种量尺。

（2）木折尺。木折尺是用材质较好的薄木片制成的，有四折木尺、六折木尺和八折木尺。四折木尺长为 50 cm，六折木尺和八折木尺长为 1 m。使用折尺时要紧贴被量物面展开拉直。

2. 角尺

角尺又称方尺。它分为直角尺、三角尺和活尺三种，如图3—2所示。

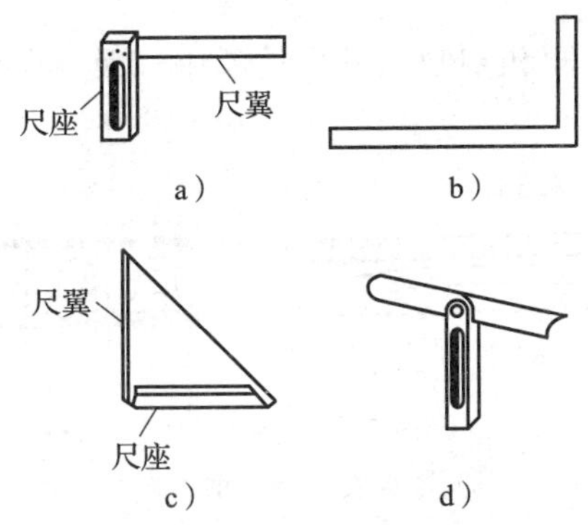

图3—2　角尺

a）小角尺　b）大角尺　c）三角尺　d）活尺

（1）直角尺。直角尺分为小角尺和大角尺，如图3—2a、b所示。直角尺用于画垂直线和平行线，或用于检查木料是否平整、相邻面是否成直角。

小角尺尺座较厚，长为150～200 mm，用铸铝或铸铁加工而成；尺翼较薄，长约为300 mm，用不锈钢板加工而成。两者之间用榫结合，互成直角。大角尺不带尺座，由不锈钢薄板直接制成，长边和短边的宽度和厚度相同，长边长为500 mm，短边长为长边的1/2。两边所形成的内外角均为90°（直角）。

（2）三角尺。三角尺又称斜尺、搭尺，如图3—2c所示。三角尺用不变形的木材制成，尺翼较薄，尺座较厚，形状呈等腰三角形，尺翼与尺座的夹角为90°，其余两个角均为45°。使用时将尺座紧靠木料边缘，沿尺翼斜边即可画出45°斜线，沿尺翼直角边可画出横线或垂直线。

（3）活尺。活尺又称活络角尺，它可以任意调整角度，如

图 3—2d 所示。使用时先将螺栓放松，在量角器上对准所需角度后，拧紧螺栓，将活尺移到构件上，即可画出所需角度的斜线或测量其角度。

3. 水平尺

水平尺有木制和钢制两种，尺的中部及端部都装有水准管，如图 3—3 所示。

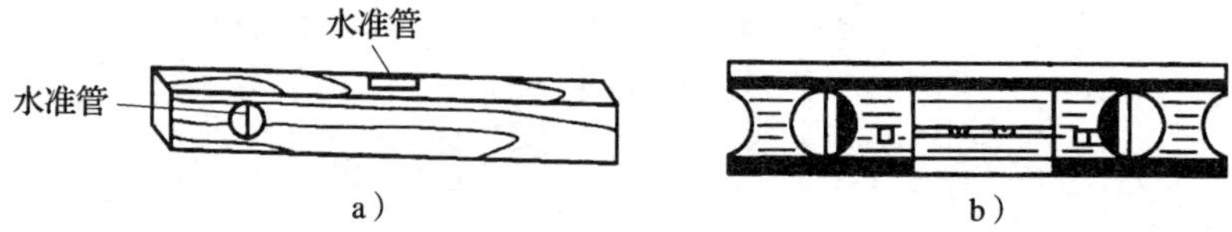

图 3—3 水平尺

a）木水平尺 b）钢水平尺

水平尺用于校验物面的水平或垂直。当水平尺放置于物面上，如中部水准管内气泡居中间位置，表明物面水平。将水平尺直立一边紧靠物体的侧面，如端部水准管内气泡居中，表示该侧面垂直。

4. 线锤

它是用钢制成的正圆锥体，并经电镀防锈，在其上端中央设有中心带孔螺栓盖，通过中心孔可系一条线绳，如图 3—4 所示。使用时，手持线锤的上端，让锥体自由下垂。目光顺着线绳观察与物体自上到下距离是否一致，可测定和校正竖立的物体是否垂直于水平面。

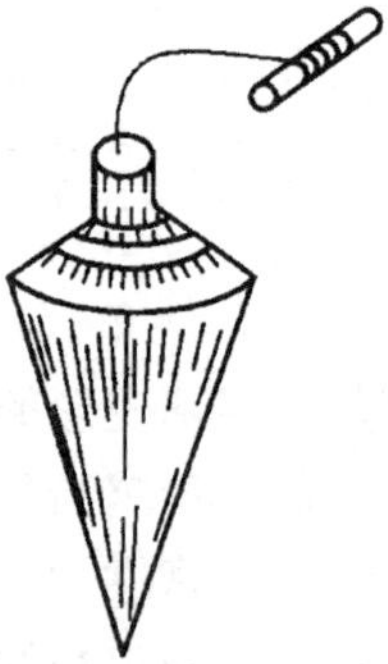

图 3—4 线锤

二、画线工具

1. 画线笔

画线笔有木工铅笔（见图 3—5）和竹笔两种。木工铅笔的笔杆为椭圆形，铅芯常见有黑色、红色、蓝色三种，笔芯呈扁形，使用前将铅芯削成扁平形，画线时使铅芯扁平面靠着尺顺画。木工铅笔携带和使用方便，为木工常用的画线工具。

竹笔又称墨衬，在建筑施工制造门窗、模型板、屋架、放线等工程及民用木工制作家具方面广泛使用。制作竹笔用的竹片或竹角等是富有韧性的材料，长约 200 mm，宽 15 ~ 18 mm；要将笔端削扁成45°斜角，并要切成许多细口，以便吸墨。扁刃越薄，画线越细，切口越深，画线吸墨越多。使用时将笔蘸墨即可画线。

2. 墨斗

墨斗是弹线的专用工具，长距离画线要借助墨斗弹线。墨斗由墨池、线轮、摇把和定针组成，如图 3—6 所示。

图 3—5　木工铅笔

图 3—6　墨斗弹线

墨斗用于在木板或原木上弹出较长而直的墨线条。操作时须注意提起线绳要保持垂直，以使墨线弹得正确。

3. 圆规

圆规（见图 3—7）主要用来等分线段，或画圆和圆弧等。圆规脚的尖端应锐利，否则画出的线段往往不准确。如果画较大的圆弧，多使用木条或者用圆钉、绳子等物品以

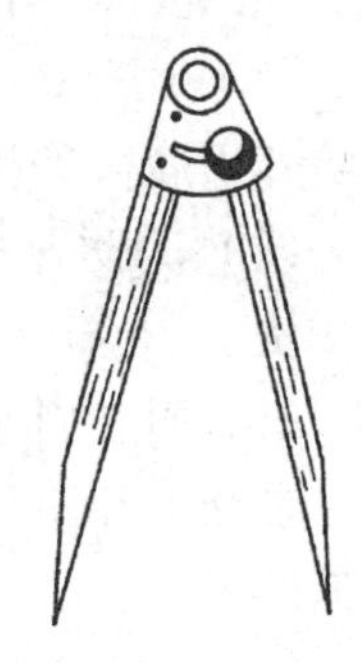

图 3—7　圆规

简单的方法来画，一般画大圆弧使用自制的木制大圆规。

三、手工锯类工具

1. 斧

斧，又称斧头，是由一根木棍把手连接一块梯形刀片构成。用斧砍的方法有平砍和立砍两种，如图3—8所示。

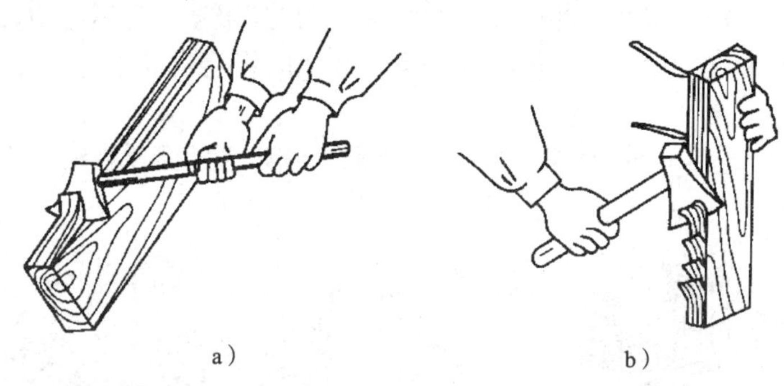

a） b）

图3—8 斧

a）平砍 b）立砍

平砍适用于砍削较长板材的边缘。操作时，砍削面向上，斧刃斜面向下，以画线为准，从左向右顺木纹砍削。立砍适用于砍削较短木材。操作时，左手握住木材并直立于台面（或垫板）上，斧刃斜面向外，以画线为准，从上向下，顺木纹砍削。

斧的安全操作应注意以下几点：

（1）用斧砍削木料或敲击时，应先检查斧柄是否安装牢固，以防斧刃脱离斧柄伤及他人或操作者。

（2）为防止砍到地面上的砂石损伤斧刃，工件下面应垫一个木块。

（3）砍削前应在工件上画线，左手扶稳工件，右手紧握斧柄，看准下斧路线，沉着冷静地砍削。砍削时注意不要过线，以免工件报废。

（4）砍削时，不要让斧柄在手中随意滑动，以免手掌磨出血泡。

（5）工件较窄时，为防止斧刃伤及手指，可用木棍等将工件扶稳，以便进行砍削。

2. 锛

锛（见图3—9）用于砍削较大木料的平面。操作时，要侧身观察画线，根据木料软硬程度决定下锛力。先砍几下，然后按画线修砍。锛的操作比较困难，稍不留意易发生砍伤事故，必须小心谨慎，看准砍稳。

图3—9 锛

3. 框锯

框锯也称拐锯（见图3—10），是木工的主要用锯。框锯由锯拐、锯梁和锯条等组成。木架一边通过连接销（或锯钮）装锯条，另一边装麻绳，并用绞片绞紧，或装直径为3～5 mm的钢丝用螺栓旋紧。

框锯按其用途不同分为以下几种：

（1）大型框锯（即纵向锯、顺锯）。其用于沿着木材纹理方向将木料剖切成小方或薄板。

（2）中型框锯（又称为横向锯、截锯）。其用于沿着木材纹理垂直方向将板材（或木方）切断。

（3）小型框锯（又称为细路锯）。其锯齿较细，锯路较窄，主要用于锯切薄板和榫肩膀。

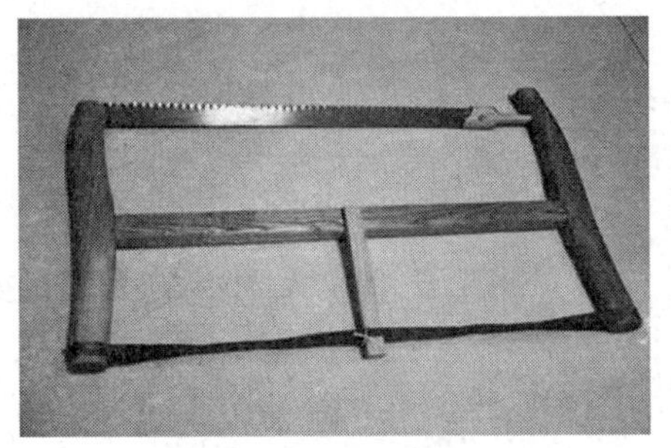

图 3—10　框锯

（4）曲线锯（又称穴锯）。其锯条较窄较厚，专门用于锯弯曲类型的构件。

框锯的质量主要取决于锯条，好的锯条应该是平而薄，强度高又有韧性。识别的方法是：用手指在锯条宽度的平面来回擦摸，应感觉平直而均匀，没有凹凸不平的现象，也没有扭曲现象；将锯条弯成弧形，再放开，恢复原状速度快；锯齿整齐而锋利。

4．*刀锯*

刀锯有双刃刀锯、夹背刀锯和鱼头刀锯等。刀锯均由锯片和锯把两部分组成，如图 3—11 所示。

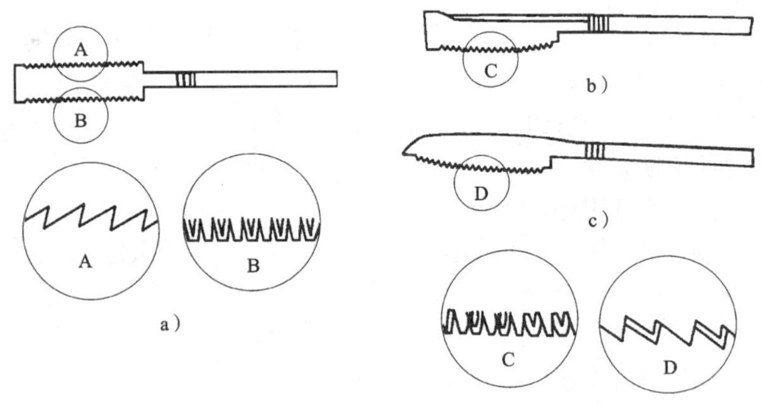

图 3—11　刀锯

a）双刃刀锯　b）夹背刀锯　c）鱼头刀锯

（1）双刃刀锯。双刃刀锯锯片两边均有锯齿，一边为截锯锯齿，另一边为顺锯锯齿。其适合锯割较小的木材或长而宽的薄板，并且不受材面宽度的限制，使用很方便。

（2）夹背刀锯。夹背刀锯的锯刀片较薄，为使锯刀片保持平直，在锯背上用钢条夹直，锯齿较细、较密，锯割的木材表面光洁，多用于细木工程。

（3）鱼头刀锯。鱼头刀锯也称大头锯，其一侧有锯齿，锯齿较粗，齿形为刀刃形，拨齿为人字形锯路，只能锯割横木纹木料，常用于建筑工地木工现场支模。

5．大板锯

大板锯又称龙锯（见图 3—12）。这种锯的锯齿比较大，锯齿方向由中央向两端斜分（角度相同），锯齿面呈弧形，锯条两端装上手柄，供两人操作。大板锯适用于采伐树木、锯割原木或截断较大的木料。

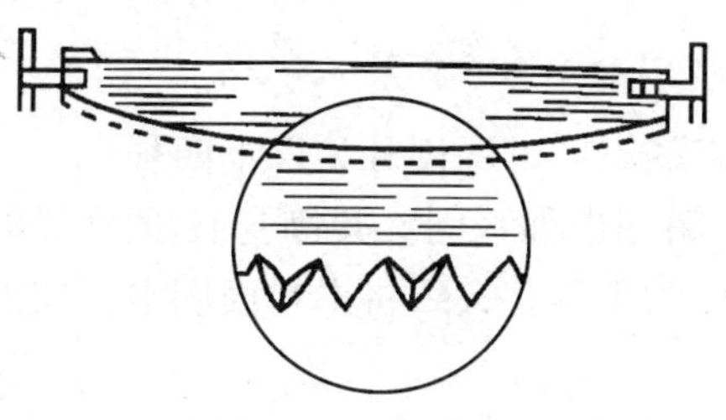

图 3—12　大板锯

四、手工刨类工具

1．分类

手工刨削用的主要工具是刨（又称刨子），常用的有平刨（又称平推刨）和线刨两大类。

（1）平刨。平刨由刨身、刨柄、刨刃和盖铁等组成，如图 3—13 所示。其主要用于木料刨削，使之达到平、直、光洁的要求。

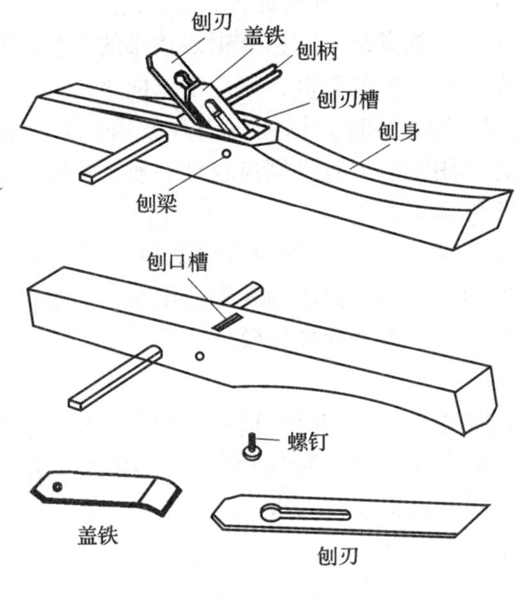

图 3—13 平刨

按刨削要求的不同，平刨分为以下四种：

1）粗刨。粗刨也称荒刨。其刨身长度为 250 ~ 350 mm，是初步刨削木料面的工具，大致将木料面刨平，加工精度不高，加工表面粗糙。

2）中刨。中刨又称二长刨，一般长为 400 mm 左右，刀刃露出少，刨削层薄，可将木材面刨削到平直、光洁。

3）细刨。细刨又称净刨（或光刨）。其刨身长度为 150 mm 左右，专用于木制品最后细致修光木材表面，使其平整光滑。

4）大刨。大刨又称合缝刨或长刨。其刨身长度为 600 mm 左右，由于刨身较长，所刨削的木料面要求很直，表面平整。大刨是专用于板材和方材刨削拼缝的工具。

（2）线刨。线刨是将木料刨削成除平面以外各种所需要形状的刨削工具。常用的线刨有单线刨、边刨及槽刨等，如图

3—14 所示。

1）单线刨。单线刨又称平槽刨，如图 3—14a 所示，适用于刨削槽沟和平刨不能刨削的构件部位处。

2）边刨。边刨又称裁口刨，如图 3—14b 所示，专门用于刨削木材边缘开出企口等。

3）槽刨。槽刨如图 3—14c 所示，专用于刨削榫缝（凹槽）和装配所需的小槽沟。槽刨一般备有 3 ~ 12. 5 mm 不同宽度的刨刃，可以用于刨削不同宽度的槽沟。

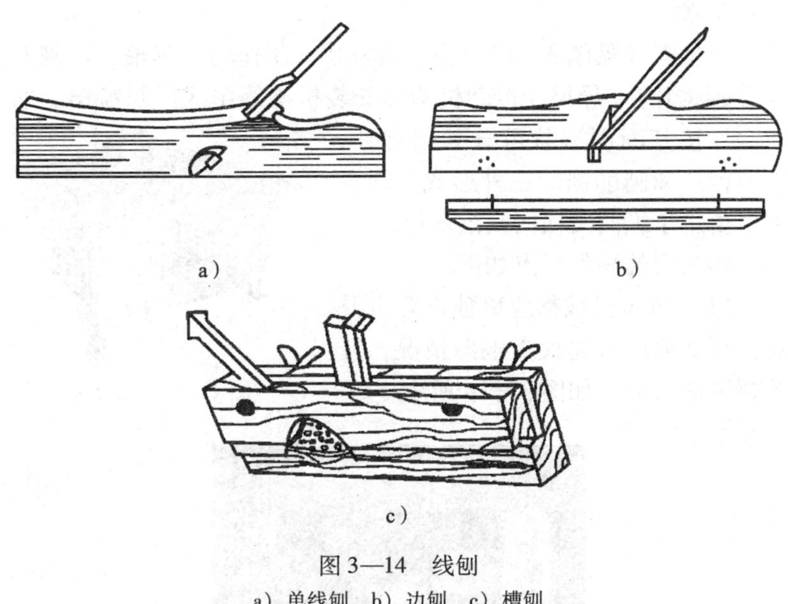

图 3—14 线刨

a）单线刨 b）边刨 c）槽刨

2. 刨的安全操作要求

（1）刨刃要经常修磨，保持锋利。

（2）推刨时，双手要紧握刨柄，用力向前平推，中途不要停顿。出料头时刨不要低头，以免将工件末端啃伤。

（3）刨料前要观察木料纹理，顺纹刨削，避免戗茬。

（4）不用时，刨要刃口朝上放置，以免刨刃触地损伤。

（5）刨用完后要将楔木放松，刨身和刨上涂擦机油，防止生锈和吸潮。

模块二　木工常用机械设备

一、锯剖机械

锯剖机械常用的有圆盘锯、带锯机、截锯机等。以下主要介绍圆盘锯。

圆盘锯（见图3—15）主要由机架、工作台、锯轴、切割刀具（圆锯片）、导尺、传动机构和安装机构等组成。圆盘锯上的圆锯片按其断面形状可分为圆锯片、矩形锯片和刨削锯片三种形式。圆盘锯主要用于纵向及横向锯割木材。

图3—15　圆盘锯

圆盘锯的操作要点如下：

（1）每台机械都应单独设置电源箱，作业前应首先检查电源情况，开关要灵活可靠，如图3—16所示。

图3—16　检查电源

（2）机械应保持清洁，安全防护装置要齐全可靠，各部位连接紧固，工作台上不得放置杂物，锯片的锯齿必须尖锐，不得连续缺齿两个，不得有裂纹或破损。

（3）安装锯片时应保持与主轴同心，片内孔与轴的空隙不应大于0.2 mm，否则会产生离心惯性力使锯片在旋转中摆动，如图3—17所示。锯片上方必须安装保险挡板和滴水装置及分料器。

图3—17　安装锯片

（4）开机空运转时，机械的带轮、锯轮、刀轴、锯片等高速转动构件要达到平衡试验的要求。根据木料厚度，以锯片能露出木料10～20 cm为界，如图3—18所示。

图3—18　木料厚度要求

（5）启动后，待转速正常以后方可进行锯料。操作人员和辅助人员站立位置不得正对锯片的旋转方向，并应密切配合，以同步匀速送料、接料。

（6）如锯旧料，必先检查被锯割木材是否有钉子，或表面是否有水泥碴，以防损伤锯齿，甚至发生伤人的事故。

（7）送料时，不得使木料左右晃动或抬高，千万要注意手的位置，与锯口保持一定的距离，如图 3—19 所示。锯料长度应不小于 500 mm，接近断头时，应用推棍送料，如图 3—20 所示。遇到木节时要放慢送料速度。如锯线走偏应逐渐纠正以免损坏锯片。

图 3—19　手的位置

图 3—20　推棍送料

（8）严禁在运行中戴手套操作（见图 3—21），严禁在运行中测量尺寸或清理机械上的木屑刨花等杂物（见图 3—22）。排除故障、拆装刀具时必须待机械停稳，切断电源以后方可进行。

图 3—21　严禁戴手套操作

图 3—22　严禁在运行中用手清理杂物

（9）作业后，应切断电源，并对机械进行清理、润滑，清除木屑刨花，整理好木料，把现场打扫干净。

二、刨削机械

刨削机械主要有手压刨机、自动压刨机、三面刨机和四面刨机等。以下主要介绍前两种。

1．手压刨机

手压刨机又称平面刨，由机座、台面（工作台）、刀轴、刨刀、导板、电动机等组成，如图 3—23 所示，目前在工地普遍应用这种刨削机械。

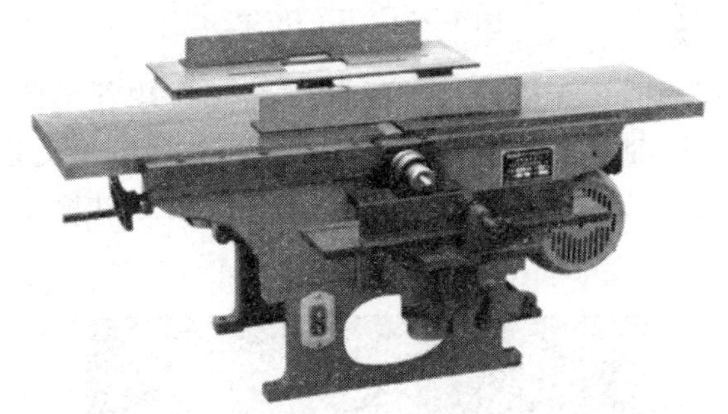

图 3—23　手压刨机

手压刨机的操作要点如下：

（1）操作前应检查安全保护装置是否齐全有效，刀片是否完好没有破损裂纹，刀片和刀片螺钉的厚度必须一致，刀架夹板必须平整贴紧，紧固刀片螺钉应注意不要过紧或过松。

（2）刨削前，应对需加工材料进行检查，板厚 30 mm 以下，长度不足 400 mm 的短材，禁止在手压刨机上进行刨削，以防止发生伤手事故；材料上带有硬节，或旧料上有钉子、杂物等，应处理完再加工。

（3）刨料时，手应按在料的上边，手指必须距离刨口 50 mm 以上，严禁用手在木料后端跨越刨口进行刨料，如图 3—24 所示。

图 3—24　手的位置

（4）送料时，无论何种材质的刨料都应顺茬刨削，遇有戗茬、节疤、纹理不直、坚硬等材料时，要放慢刨削的进料速度，严禁用手按在节疤上送料，如图 3—25 所示，以免发生刨伤事故。

图 3—25　严禁用手按在节疤上送料

（5）两人同时操作时，要互相配合，木料过刨刃 300 mm 后，下手方可接拉。

（6）机械运转时不得将手伸进安全挡板或拆除安全挡板，严禁戴手套进行操作。

2. 自动压刨机

自动压刨机可以将经手压刨机刨过的两个相邻木料，刨削成一定厚度和宽度规格的木料。

自动压刨机由机身、工作台、刀轴、刨刀滚筒、升降系统、防护罩、电动机等组合而成。常用的有 MB103 和 MB1065 两种型号，图 3—26 所示为 MB1065 型自动压刨机。

图 3—26 MB1065 型自动压刨机

自动压刨机的操作要点如下：

（1）操作前应检查安全装置，调试正常后方可进行操作。

（2）应按照加工木料的要求仔细调整机床刻度尺，每次被吃刀量以不超过 2 mm 为宜。

（3）自动压刨机应由两人操作。一人进料，一人按料，人须站在机床左侧、右侧或稍后位置。刨长料时，两人应平直推进顺直拉送。刨短料时，可用木棍推进，不能用手。如发现横走，应立即转动手轮，将工作台面降落或停车调整。

（4）工作时，操作人员的衣袖要扎紧，不得戴手套，以免发生事故。

三、开榫机械

木工开榫机械有开榫机、铣床等，下面主要介绍木工铣床。

木工铣床是用高速旋转的铣刀将木料开槽、开榫和加工出成形面等的木工机床，是木工行业中不可缺少的机械设备。

1. 木工铣床的主要技术规格

木工铣床的种类很多，其中立式单轴木工铣床应用最广。这种铣床结构紧凑，体积小，使用方便，如图 3—27 所示。

图 3—27　立式单轴木工铣床

木工铣床主要技术规格见表 3—1。

表 3—1　　木工铣床的主要技术规格

名称	型号	工作台尺寸 长×宽 (mm×mm)	主轴最大 升降高度 (mm)	主轴 转速 (r/min)	电动机		特点及 用途
					功率 (kW)	转速 (r/min)	
单轴木工铣床	MX518	1 000×800	100	4 000～6 000	4.5	2 900	适用于裁口、起线、开榫、铣削各种曲线零件等

续表

名称	型号	工作台尺寸长×宽（mm×mm）	主轴最大升降高度（mm）	主轴转速（r/min）	电动机		特点及用途
					功率（kW）	转速（r/min）	
单轴立式木工铣床	MX519	1 120×900	100	3 000～10 000	4.5	1 440～2 880	
万能木模铣床	MX526A	900×810	620	1 400～4 200	2～4.5	500～1 500	

2. 木工铣床的铣刀

木工铣床用的切削刃具主要是铣刀。铣刀有整体式和装配式两种。整体式铣刀分为多刃铣刀、用于铣削沟槽的S形铣刀和用于铣削榫头的S形铣刀，如图3—28所示。装配式铣刀由刀片和刀体组成，如图3—29所示。

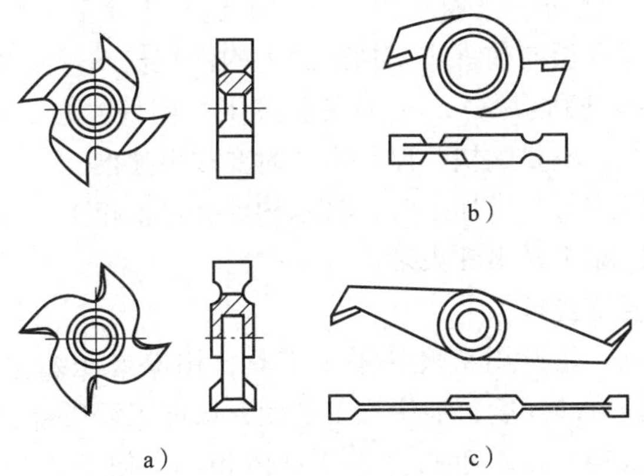

图3—28　整体式铣刀

a）多刃铣刀　b）用于铣削沟槽的S形铣刀　c）用于铣削榫头的S形铣刀

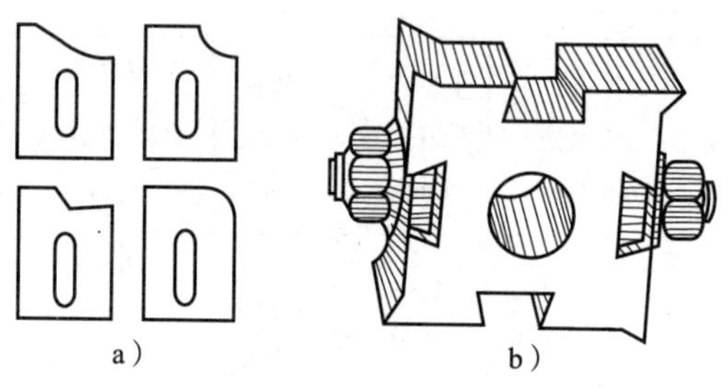

图 3—29　装配式铣刀

a）刀片　b）刀体

3．木工铣床操作要点

（1）铣削加工前，首先应按木构件的内容（裁口、刨槽或起线）和铣削部位的形状（口形、槽形或线形）选择铣刀，如选用整体式铣刀，可直接进行安装；如选用装配式铣刀，应先把刀片安装在刀体上（应放在平板上，用角尺校对使刀刃平齐），然后将铣刀安装到刀轴上。铣刀在刀轴上紧固，转动手轮调整铣刀到所需高度，盖好护罩。然后调整、紧固导板。

（2）工作时，接通电源，待刀轴运转正常后，将木构件沿着台面紧靠导板向前推进。加工的木构件较长或较大时，应由两人操作（推进和接拉），左手在前按压木构件，右手在后推进，速度要均匀，不要太快，碰到木节时要放慢速度。

用铣床进行开榫加工时，将木构件夹在推车上，由推车前进可在木构件端头开出榫头来。

四、轻便机具

轻便机具是指用来代替手工工具，用电或压缩空气作为动力，可减轻劳动强度，加快施工进度，保证工程质量的机械。其特点是质量轻，可单手自由操作；体积小，便于携带与灵活运用；工效高，与手工工具相比，具有明显的优势。常用的有曲线锯、手电钻、电动旋具等。

1. 曲线锯

曲线锯（见图3—30）可以用于中心切割（如开孔）、直线切割、圆形或弧形切割等，为了切割准确，要始终保持底面与工件成直角。对不同的材料，应选用不同的锯条：中齿、粗齿锯条适用于锯割有色金属板、压层板；细齿锯条适用于锯割钢板。

操作中要使用与金属铭牌上相同的电压；不能强行推动锯条前进，不要弯折锯片；使用过程中不要覆盖排气孔；不要在开动中更换零件、润滑或调节速度等。操作时，人与锯条要保持一定的距离，运动部件未停止时不要把机体放倒，要注意经常维护保养。

2. 手电钻

手电钻（见图3—31）又称手提式电钻，它是开孔、钻孔、固定的理想工具。

图3—30　曲线锯

图3—31　手电钻

操作时先接通电源，双手端正机体，将钻头对准钻口中心，打开开关，双手加压，以增加钻入速度。操作时要戴好绝缘手套，防止电钻漏电发生触电事故。

3. 电动旋具

电动旋具具有正反转控制按钮，主要作用是紧固木螺钉和螺母，如图3—32所示。

图 3—32　电动起子机

使用前检查电压是否正常；根据被锁螺钉的形状，配备好旋具头。接上或卸下旋具头时，以指尖将旋具帽向上推。插入电源并将开关设在“F”的位置，装上旋具头，预先调整锁紧螺钉所需扭力段的位置。打开开关，电动机运转，开始操作被锁螺钉。当被锁螺钉超出设定扭力值时，离合器会自动打滑，旋具头停止转动，作业完成。如要松开螺钉，开关应放在“R”位置，按上述操作即可完成。

五、木工机械作业注意事项

施工现场中，木料加工是常发生事故的作业点，要求工作场所备有齐全可靠的消防器材，严禁吸烟或有其他明火，不得存放汽油及棉纱等易燃品。操作者要严格执行以下安全操作规程：

（1）操作人员必须戴绝缘手套、穿绝缘鞋或站在绝缘垫上。

（2）刀具的刃应磨锋利，且完好无损，安装正确、牢固。

（3）启动后，空载运转时检查机构是否灵活可靠，操作时要平稳，不得用力过猛；不得用手触摸刃具、模具、砂轮。发现异常情况时，立即停机检查。

（4）作业时间过长，应待冷却后再进行作业。

（5）作业完毕，应切断电源，对机具进行清理、润滑并加以维护和保养。

第四单元　模 板 工 程

模块一　概　　述

模板系统包括模板和支撑两大部分。模板是使混凝土构件按几何尺寸成型的模型板。在施工中，它要承受本身的自重、钢筋和混凝土的自重、机械振动荷载等。支撑系统是支持模板，保持其位置的正确，并承受模板、钢筋、混凝土等重量及施工荷载的结构。

工程中常用模板按其构造不同可分为木模板、复合木模板、钢木组合模板、定型钢模板、组合钢模板等。

一、常用模板构造

1．木模板

木模板及其支撑系统一般在加工厂或现场制成，并在现场拼装。拼板的长短、宽窄可根据混凝土或钢筋混凝土构件的尺寸，设计出几种标准拼板，常用规格为 1 000 mm × 500 mm，如图 4—1 所示。

木模板及支撑系统所用木材材质不得选用脆性、弯曲或受潮容易变形的木材及板材。直接接触混凝土的木模板表面应刨光，涂刷隔离层，模板拼接处应刨平直，拼缝严密，防止漏浆。

2．复合木模板

复合木模板是由多层胶合板或竹胶板等复合板材制成板面，用钢、木等制成框架，并配置各种配件而组成的复合木板，如图 4—2 所示。

图 4—1　木模板

图 4—2　复合木模板

3. 钢木组合模板

钢木组合模板是由钢框和面板组成。钢框由角钢或其他的异型钢材制成，面板材料有胶合板、竹塑板、纤维板、蜂窝纸板等，面板表面均做防水处理。钢木组合模板的品种有钢框覆膜胶合板组合模板、钢框木（竹）组合模板等，如图 4—3 所示。

钢木组合模板平均自重轻，可做成单块面积大的模板，组装拼缝少，平整度好，可提高施工效率和质量，且通用性强。

4. 定型钢模板

定型钢模板是由钢板与型钢焊接而成，分为小钢模板和大钢模板两种，如图 4—4 所示。

图 4—3　钢木组合模板

图 4—4　定型钢模板

小钢模板面层一般为 2 mm 厚的钢板。肋用 50 mm × 5 mm 扁钢点焊焊接而成，边框有 20 mm × 10 mm 的连接孔。小钢模板多用于基础、柱、梁、板、墙等构件模板的制作。大钢模板也称大模板，是一种大型的定型模板，主要用于浇筑混凝土墙体，模板尺寸与大模板墙相配套，一般与楼层高度和开间尺寸相适应，如高度为 2.7 m、2.9 m，长度为 2.7 m、3.0 m、3.3 m、3.6 m 等。

5. 组合钢模板

组合钢模板又称组合式定型小钢模，是由钢模板、连接件和支撑件三部分组成。

钢模板主要包括平面模板和转角模板。

（1）平面模板。平面模板采用 Q235 钢板制成，用于墙体、梁、板、柱等各种结构的主要部位。它是由面板和肋条组成，如图 4—5 所示。

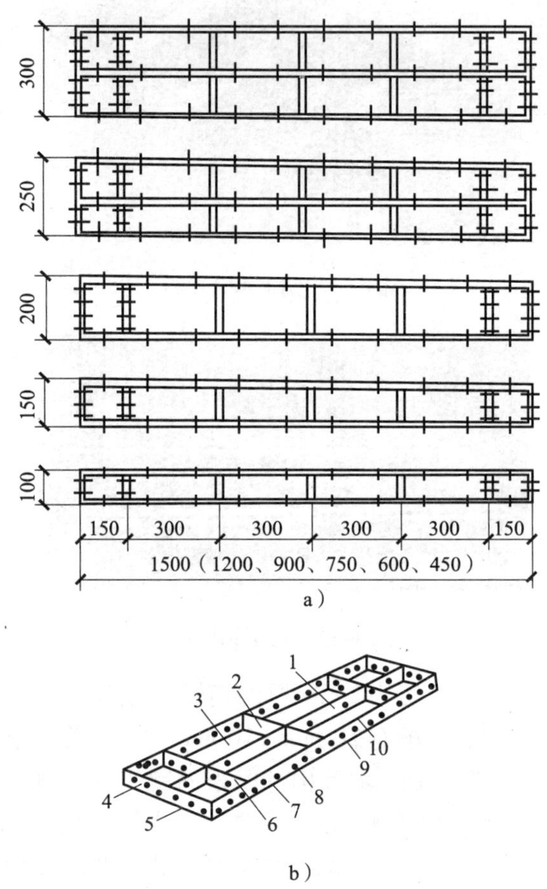

图 4—5　平面模板

a）平面模板图　b）平面模板透视图

1—中纵肋　2—中横肋　3—面板　4—横肋　5—插销孔　6—纵肋
7—凸棱　8—凸鼓　9—U 形卡孔　10—钉子孔

（2）转角模板。转角模板有阴角模板、阳角模板和连接角模板三种，如图 4—6 所示，用于混凝土结构和构件的转角部位。

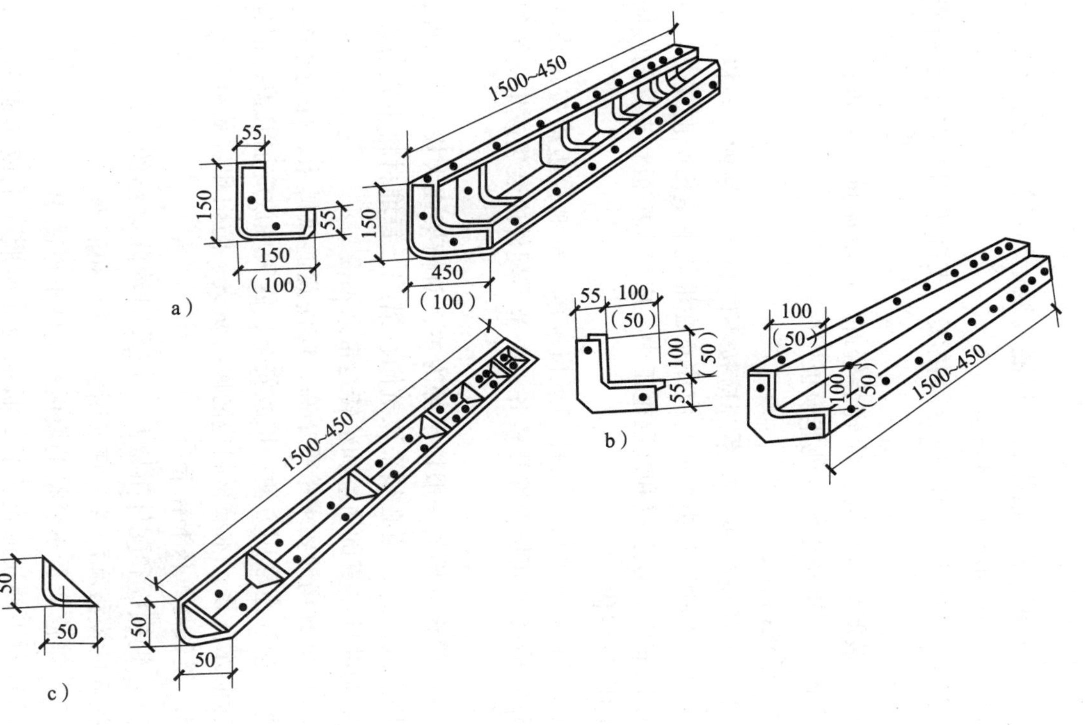

图 4—6　转角模板

a）阴角模板　b）阳角模板　c）连接角模板

二、模板的运输与存放

1. 模板的运输

（1）不同规格的钢模板不得混装混运，运输时必须采取有效措施，防止模板滑动、倾倒。

（2）组装模板运输时应分隔垫实、支捆牢固、防止松动变形。

（3）装卸模板和配件应轻装轻卸，严禁抛掷并应防止碰撞损坏。严禁用钢模板作其他非模板用途。

2. 模板的存放

（1）所有模板和支撑系统应按不同材质、品种、规格、型号、大小、形状等分类堆放，应注意在堆放中留出空地或交通道路，以便取用。在多层和高层施工中，应考虑模板和支撑的竖向转运顺序合理化。

（2）木质材料可按品种和规格堆放，钢制模板应按规格堆放，钢管应按不同长度堆放整齐，小型零配件应装袋或集中装箱转运。

（3）模板的堆放一般以平卧为主，对桁架或大模板等部件，可采用立放形式，但必须采取抗倾覆措施，每堆材料不宜过多，以免影响部件本身的质量和给转运带来不便。

（4）堆放场地要求整平垫高，应注意通风排水，保持干燥；室内堆放应注意取用方便、堆放安全；露天堆放应加遮盖；钢制材料应防水防锈，木质材料应防腐、防火、防雨和防暴晒。

3. 模板的维修和保管

（1）钢模板和配件拆除后，应及时清除黏结的灰浆，对变形或损坏的模板和配件，宜采用机械整形和清理。

（2）维修质量不合格的模板和配件不得使用。

（3）对不使用的钢模板，板面应涂刷脱模剂或防锈油。背面油漆脱落处，应补刷防锈漆，焊缝开裂时应补焊，并按规格分类堆放。

（4）钢模板宜存放在室内或棚内，板底支垫离地面 100 mm 以上。露天堆放，地面应平整坚实，有排水措施模板底支垫离地面 200 mm 以上，两点距模板两端长度不大于模板长度的 1/6。

模块二　木模板安装

一、基础模板的安装

钢筋混凝土基础有独立基础和条形基础两种。独立基础又分为矩形基础、阶梯形基础、杯形基础等。

1. 矩形基础

矩形基础模板由四块模板拼成的边模和四周支撑体系组成（见图 4—7），筏板基础的四周可用此方案支模。

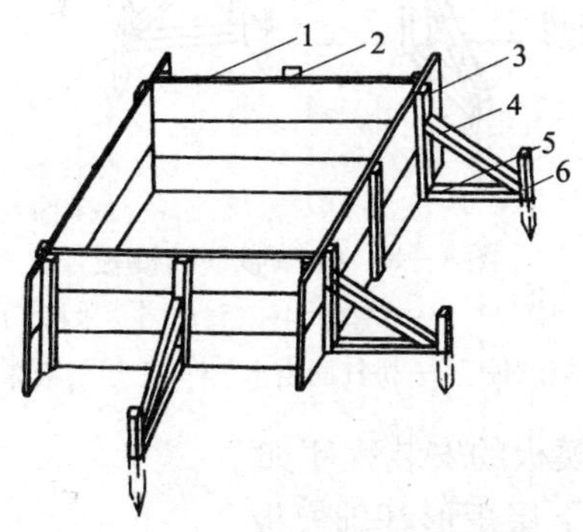

图 4—7　矩形基础模板

1— 侧板　2，3— 木楞（木方子）　4—斜撑　5—水平撑　6—木桩

矩形基础模板的安装程序如下：

（1）首先校验基础垫层标高，弹出基础的纵横中心线和边线。

（2）立拼四块侧板。先将同一基础同宽度两端平齐的侧板按线放好，临时固定，再将另一对侧板从两边靠上用钉临时牵住，校直校方侧板后再将四块侧板钉牢。

（3）钉四周水平撑、斜撑和木桩，将模板位置和形状固定，在四块侧板内表面弹出基础上表面标高线。

2. 阶梯形基础

阶梯形基础模板由上下两层矩形模板、两阶模板连接定位的桥杠和桥杠固定木组成，如图4—8所示。

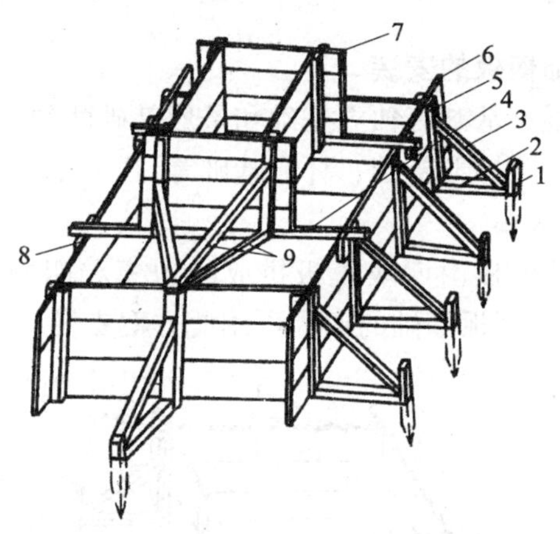

图4—8　阶梯形基础模板

1—木桩　2—水平撑　3—斜撑　4—桥杠　5—木楞　6—下层侧板　7—上层侧板　8—桥杠固定木　9—上层模板撑固件

阶梯形基础模板的安装程序如下：

（1）先安装下层矩形基础模板。

（2）在工作台或平地上将上面基础模板校方校直后钉牢。

（3）其中一对侧板的最下面一块板作为桥杠，其长度应大于下层模板的宽度。

（4）把上层基础模板整体抬到下层基础模板上，校正位置后用四根方木分别将桥杠四端同下层模板侧板固定在一起。

（5）在上下层模板之间加钉水平撑和斜撑，使上下层基础模板组合成一个整体。

3. 杯形基础

杯形基础模板由上下两层模板、杯芯及连接固定杆组成（见图 4—9），用于独立柱的基础支模。

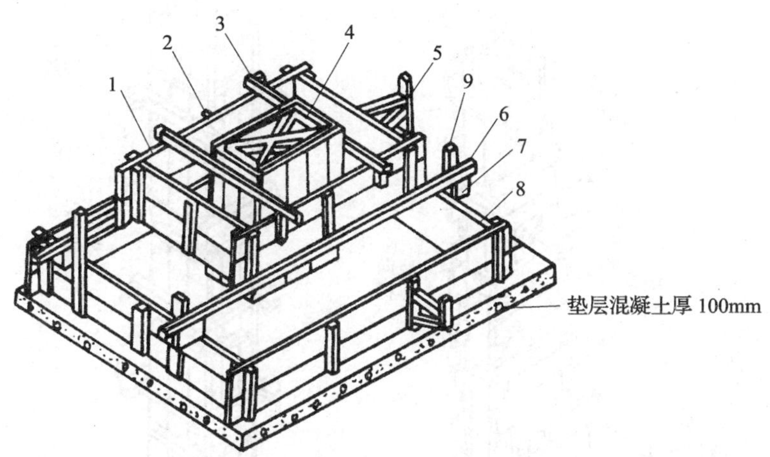

图 4—9 杯形基础模板

1—上层侧板 2—木楞 3，6—桥杠 4—杯芯模板 5—上层模板撑固件 7—托木 8—下层模板侧板 9—桥杠固定木

杯形基础模板安装程序如下：

（1）上层、下层模板的安装与阶梯形基础模板基本相同。

（2）应预先根据图样做好杯芯模板，为便于抽出，杯芯侧板做成竖向，并稍有一定锥度。根据杯孔深度，在杯芯外面平行地钉两根桥杠，桥杠应与杯芯中心线垂直。

（3）将杯芯模板放在杯口位置，两根桥杠放在上层模板侧板上，校准位置后用四根短方木将桥杠两端与上层模板侧板固定。

二、柱、梁模板的安装

1. 柱模板的安装

矩形柱的模板由四面侧板、柱箍、支撑组成。图 4—10a 所示为两面竖向两面横向侧板组成，图 4—10b 所示为四周侧模都采用竖向侧板组成。

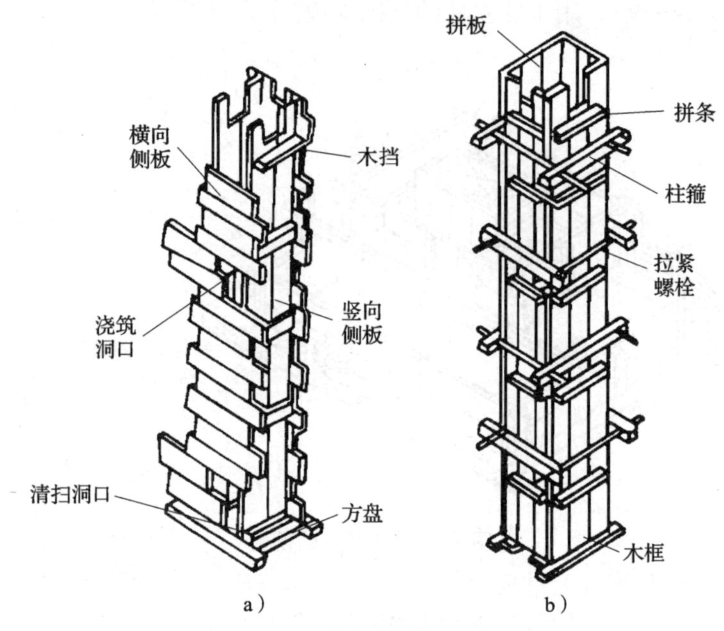

图 4—10　矩形柱模板

a）两面竖向两面横向侧板　b）四面竖向侧板

在安装柱模板前，应先绑扎好钢筋。测出标高标在钢筋上，同时在已浇筑的基础面（或楼面）上弹出柱轴线及边线。同一柱列应先弹两端柱轴线及边线，然后拉通线弹出中间部分柱的轴线及边线。按照边线先把底部方盘固定好，然后再对准边线安装柱模板，并用临时斜撑固定，最后由顶部用线锤校正，使其垂直。为了保证柱模板的稳定，柱模板之间要用水平撑、剪刀撑等相互拉结固定。

2. 梁模板的安装

梁模板主要由底板、侧板、夹木、托木、梁箍和支撑等组成。底板一般用厚 40 ~ 50 mm 长条板，侧板用厚 25 mm 的长条板，加木挡拼制，或用整块板。在梁底板下每隔一定间距（一般为 800 ~ 1 200 mm）用顶撑（琵琶撑）支设。夹木设在梁模板两侧下方。将梁侧板与底板夹紧并钉牢在顶撑上。次梁模板还应根据支设楼板模板的搁栅的标高，在两侧板外面钉上托木（横挡）。主梁与次梁交接处应在主梁侧板上留缺口，并钉上衬口挡，次梁的侧板和底板钉在衬口挡上，如图 4—11 所示。

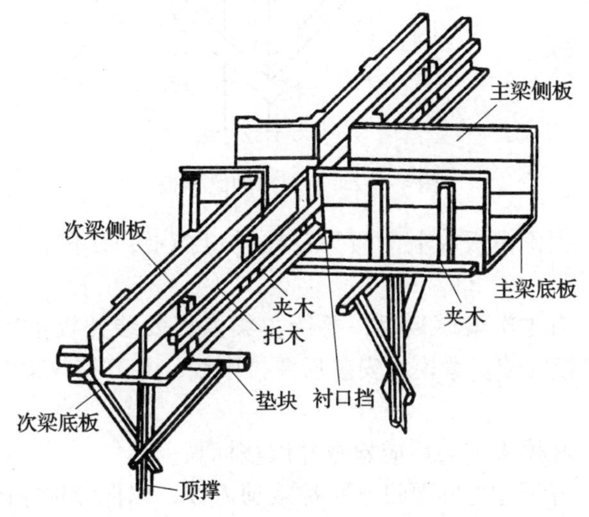

图 4—11　梁模板

当梁的高度较大时，应在侧板外面另加斜撑，如图 4—12 所示。斜撑上端钉在托木上，下端钉在帽木上。独立梁的侧板上口用搭头木相互卡住。

梁模板的安装顺序如下：

（1）沿梁模板下方地面上铺垫板，在缺口处钉衬口木挡，把底板搁置在衬口木挡上。

（2）立起靠近柱或墙的顶撑，再将梁的长度等分，立中间部分顶撑，顶撑底下打入木楔。

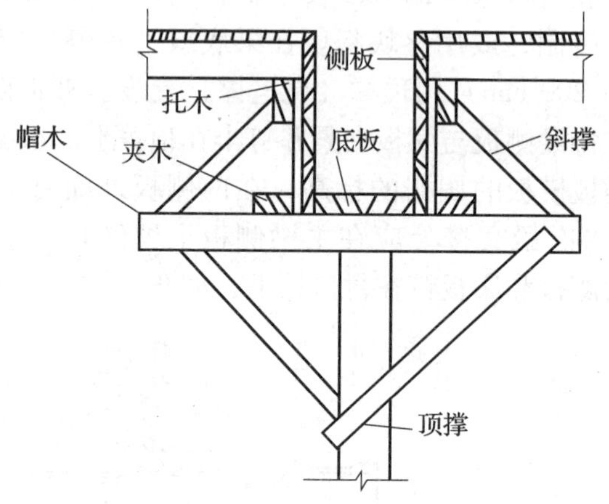

图 4—12　有斜撑的梁模板

（3）把侧模板放上，两头钉在衬口挡上，在侧板底外侧钉夹木等。

（4）有主次梁模板时，要待主梁模板安装并校正后才能进行次梁模板安装。梁模板安装后要拉中线，并复核各梁中心位置是否对正。

（5）底模板安装后应检查并调整标高。

（6）各顶撑之间要设水平撑或剪刀撑，以保持顶撑的稳固。

三、墙模板的安装

墙模板主要由侧板、立板、横挡、斜撑等组成，如图 4—13 所示。

侧板采用长条板横拼，预先与立挡钉成大块板，高度一般不超过 1.2 m。横挡钉在立挡外侧，从底部开始每隔 1 000 ~ 1 500 mm 一道。在横挡与木桩之间支斜撑和平撑。

墙模板的安装顺序如下：

（1）在基础或楼面上弹出墙的中心线和边线。

（2）钉好木桩放置固定牵杠，牵杠应与墙的边向平行。

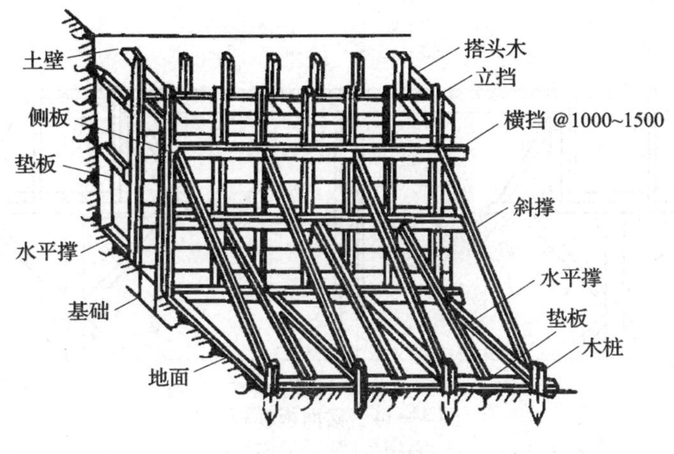

图 4—13　墙模板

（3）将一侧模板立好钉上横木，调直后用水平撑和斜撑固定。水平撑和斜撑一端同横木钉在一起，另一端钉在牵杠上。侧板可以用横向木板钉在立挡上，也可以用定型模板拼接钉在立挡上。

（4）绑好钢筋后立另一侧侧板。

（5）为保持墙体厚度一致，应用小木撑或钢筋支撑顶撑模板侧板，用钢丝拉紧。在侧板上每隔 1 000 mm 左右钉一根搭头木，将两侧板相对位置固定。

四、楼面及楼梯模板的安装

1. 楼面板模板

楼面板模板一般用厚 20 ~ 25 mm 的木板拼成，或采用定型木模块，铺在搁栅上。搁栅两头支撑在托木上，搁栅一般用断面 50 mm × 100 mm 的方木，间距为 400 ~ 500 mm。当搁栅跨度较大时，应在搁栅中间立牵杆撑，并设通长的牵杆，以减小搁栅的跨度。牵杆撑要求和木顶撑一样。楼面板模板应垂直于搁栅方向铺钉。定型模块的规格尺寸要符合搁栅的间距，或适当调整搁栅间距来适应定型模块的规格，如图 4—14 所示。

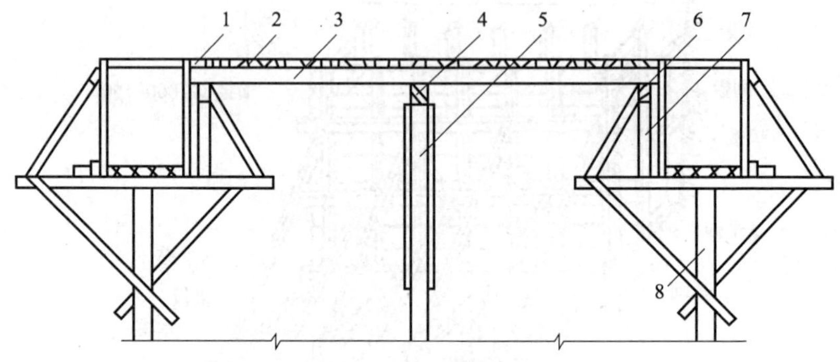

图 4—14　楼面板模板

1—梁模板侧板　2—楼面板模板底板　3—搁栅　4，6—牵杆
5—牵杆撑　7—托木　8—木顶撑

楼面板模板的安装程序如下：

（1）在梁模板的侧板上钉上牵杆，使牵杆上表面处于水平面内，并符合标高要求。在牵杆下面立托木，使牵杆受力经托木传至梁模板下的木顶撑上。

（2）将搁栅均匀分布垂直于牵杆，放在梁模侧的牵杆上。

（3）在搁栅下按设计间距顶立中间牵杆。牵杆由牵杆撑顶撑，牵杆撑下垫上垫板，以木楔调整搁栅高度，使搁栅上平面处于同一水平面内。

（4）调好搁栅高度后，将搁栅与牵杆、牵杆撑与牵杆及垫板木楔用钉固定牢固。在牵杆撑之间及牵杆撑与梁模板木顶撑间，以水平撑和剪刀撑相互牵搭牢固。

（5）在搁栅上，垂直于搁栅平铺楼面板模板底板。底板边缝应平直拼严，板两端及接头处钉钉子，中间尽量少钉钉子，以便于拆模。相邻两块底板接头应错开，板接头应在搁栅上。

（6）放置预埋件和预留洞模板，模板安装完毕，清理干净。

2．楼梯模板

现浇混凝土楼梯有梁式和板式两种结构形式，其支模方法基本相同。楼梯模板是由底模、搁栅、牵杆、牵杆撑、外帮板、踏步侧板、反三角木等组成，如图 4—15 所示。

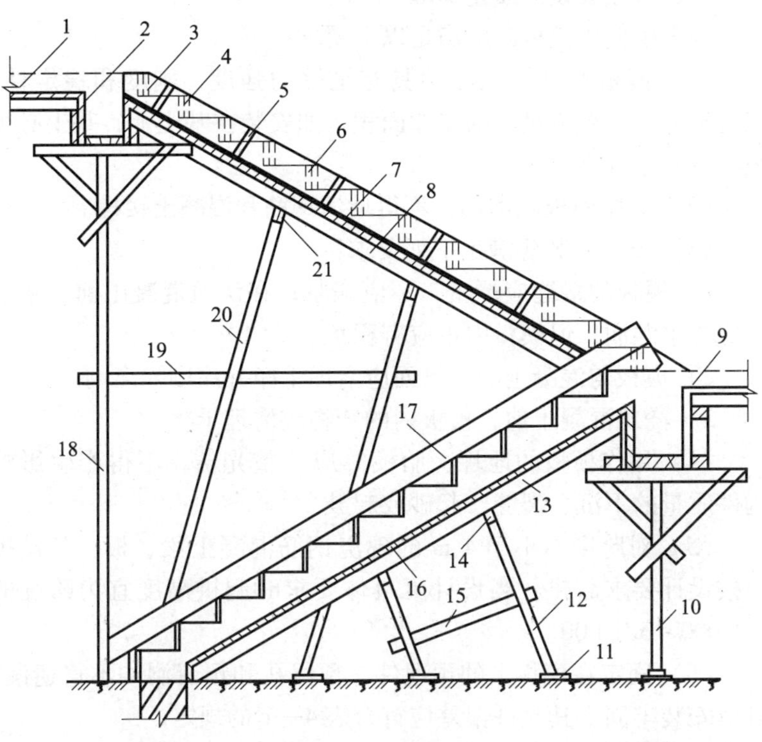

图 4—15　楼梯模板

1—楼面平台模板　2—楼面平台梁模板　3—外帮侧板　4—木挡
5—外帮板木挡　6—踏步侧板　7，16—楼梯底板　8，13—搁栅
9—休息平台梁及平台板模板　10，18—木顶撑　11—垫板
12，20—牵杆撑　14，21—牵杆　15，19—拉撑　17—反三角木

模块三　模板安装的质量标准和拆除

一、模板安装的质量标准

施工中使用模板时应满足以下要求：

（1）模板及其支架必须具有足够的强度、刚度和稳定性；其支架的支撑部有足够的支撑面积。如安装在基土上，基土必须坚实并有排水措施。

（2）涂刷模板隔离剂，不得玷污钢筋和混凝土接槎。

（3）模板安装应满足下列要求：

1）模板的接缝应严密，不应漏浆；在浇筑混凝土前，木模板应浇水湿润，但模板内不应有积水。

2）模板与混凝土的接触面应清理干净并涂刷隔离剂。

3）浇筑混凝土前，模板内的杂物应清理干净。

（4）用作模板的地坪、胎模等应平整光洁，不得产生影响构件质量的下沉、裂缝、起砂或起鼓。

（5）对跨度不小于 4 m 的现浇钢筋混凝土梁、板，其模板应按设计要求起拱；当设计无具体要求时起拱高度宜为跨度的 1/1 000 ~3/1 000。

（6）固定在模板上的预埋件、预留孔和预留洞均不得遗漏，且应安装牢固。其允许偏差应符合表 4—1 的规定。

表 4—1　　预制构件模板安装的允许偏差

项目		允许偏差（mm）
预埋钢板中心线位置		3
预埋管、预留孔中心线位置		3
插筋	中心线位置	5
	外露长度	+10.0

续表

项目		允许偏差（mm）
预埋螺栓	中心线位置	2
	外露长度	+10.0
预留洞	中心线位置	10
	尺寸	+10.0

（7）现浇构件模板安装的允许偏差应符合表 4—2 的规定。

表 4—2　现浇结构模板安装的允许偏差和检验方法

项目		允许偏差（mm）	检验方法
轴线位置		5	钢尺检查
底模上表面标高		±5	水准仪或拉线、钢尺检查
截面内部尺寸	基础	±10	钢尺检查
	柱、墙、梁	+4，-5	钢尺检查
层高垂直度	不大于 5 m	6	经纬仪或吊线、钢尺检查
	大于 5 m	8	经纬仪或吊线、钢尺检查
相邻两板表面高低差		2	钢尺检查
表面平整度		5	2 m 靠尺和塞尺检查

注：检查轴线位置时，应沿纵、横两个方向测量，并取其中的较大值。

二、模板的拆除

拆模时，要根据具体情况，考虑拆除部位和先后次序，做到既有利于拆模，又能保证施工安全，尽量由原支模人员拆模。

拆模原则如下：

第一，应按“后装的先拆，先装的后拆”原则，按部就班地进行。侧模的拆除应自上而下，先外后内地进行，先拆搭头木、斜撑、夹木、梁箍等，最后拆侧板。

第二，拆模时用力不要过猛，以免撬空伤人。共同操作的人员要相互呼应，防止模板落下伤人。

第三，拆下的模板要沿运输通道下运，严禁从高空下抛。

第四，拆除的模板要及时清除水泥块，起出钉子，修理后分类堆放，以利下次取用。

拆除模板的时间，取决于混凝土的养护条件、硬化速度、强度增长的快慢、模板位置等因素。适时拆模，可加快模板使用的周转速度，为下道工序创造施工条件。但拆模过早，混凝土没有达到足够的强度，在自重或外力的作用下，可能使混凝土构件产生裂纹、断裂，甚至倒塌事故。

根据《混凝土结构工程施工质量验收规范》（GB 50204—2015）的规定，现浇结构的模板及支架拆除时的混凝土强度，应符合设计要求；当设计无具体要求时，应符合下列规定：

（1）侧模。在混凝土强度能保证其表面及棱角不因拆除模板而受损坏的时候，方可拆除。

（2）底模。混凝土强度在符合表4—3规定后方可拆除。

表4—3　　　底模拆除时的混凝土强度要求

构件类型	构件跨度（m）	达到设计的混凝土立方体抗压强度标准值的百分率（%）
板	≤2	≥50
	>2，≤8	≥75
	>8	≥100
梁、拱、壳	≤8	≥75
	>8	≥100
悬臂构件	—	≥100

第五单元　木家具制作

模块一　木家具的选料配料

根据设计图样要求及产品用料单等规定的质量和尺寸要求，将成材及人造板锯解成各种规格的毛料（或净料）的加工过程即为配料。配料主要包括选料、横向截断、纵向锯割等工序。各种木制品零部件形式不同，但其配料的顺序基本相同，具体工作顺序为：确定配料方案—选料—裁断—纵割—进入下一道工序。

一、选料

根据木材的缺陷状况合理选料，是木工操作的重要一步。选料就是要根据制品的质量要求，合理地确定各零部件所用材料的树种、纹理、规格和含水率。

木制品用材的部位有三种：外表用料是指木材裸露在制品外面，需要进行涂饰，如椅、凳类家具的坐面、腿等；内部用料是指用在制品的内部，不需要涂饰或不需要完全涂饰的零部件，如柜体的内挡、搁板、底板等；暗用料是指隐藏在制品内部，正常使用情况下看不到的零部件，如沙发软包饰的内部支架等。

选择的材种、规格要符合设计要求，达到用材与设计相符，材料搭配合理，避免浪费。

选料要遵循的基本原则有：充分考虑不同的材种具有不同的颜色、花纹和光泽；要认真检查木材的干燥质量及缺陷状况；外用料要选择材质好、纹理美观、涂饰性能好的木材。

在选料时要考虑产品各零件受力的情况和产品的强度要求，

应注意对有缺陷的木材有效合理利用。

二、配料

根据加工工艺不同，主要的配料方法有画线配料法、粗刨配料法等。

1. 画线配料法

画线配料法是指根据木构件的毛料规格尺寸、形状、质量要求，在木板材上套裁画线，然后照线锯割配制成规格毛料的过程。这种方法最适用于弯曲部件或异形部件。画线配料法根据操作方法的不同，又分为平行画线法和交叉画线法。

（1）平行画线法。将板材按照毛料的长度横截成短板，同时除去板上的缺陷部分，然后用样板在短板上画出平行线，画线时注意留出一定的加工余量。平行画线法的特点是生产效率高，容易加工，但出材率较低，大批量配料时使用此种方法效果较好，如图 5—1 所示。

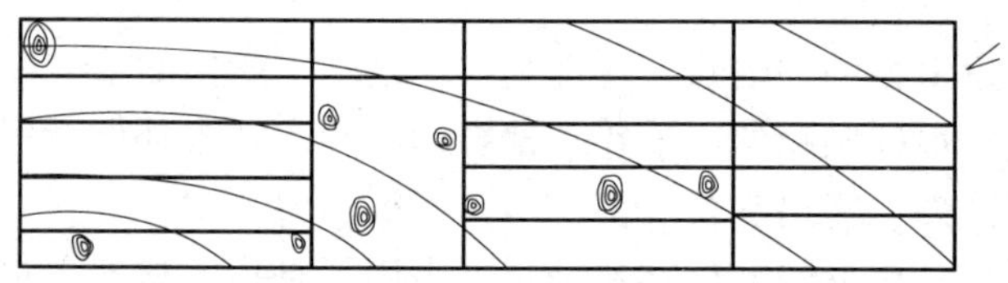

图 5—1　平行画线法

（2）交叉画线法。画线时，在考虑去除缺陷的同时，最大限度地利用板材的好材部分，按照样板画出尽量多的毛料，如图 5—2 所示。这种方法的特点是木材的利用率很高，但是毛料在

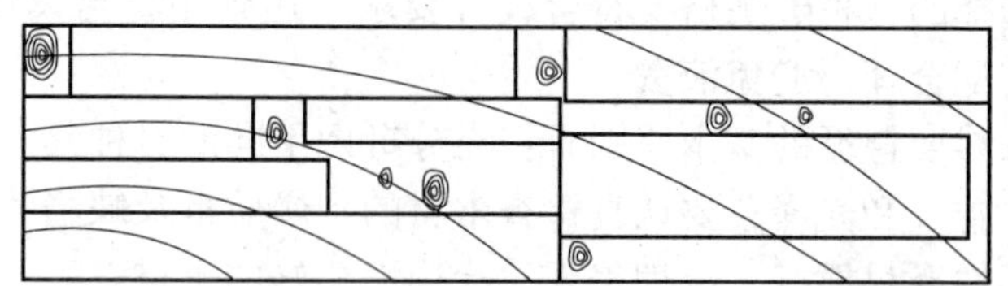

图 5—2　交叉画线法

板面上的排列没有规则，难以下锯，生产效率较低，较适用于小批量机械配料或手工操作配料。

2. 粗刨配料法

粗刨配料法是将大板在刨床上先经过单面或双面粗刨加工，然后再进行选料配料的方法。经过粗刨后的大板，纹理、色泽及缺陷会明显暴露在表面，有利于根据板材情况，合理配料。对于木节、钝棱、裂纹、腐朽等缺陷，可以根据用材标准所允许的限度，配料时保留下来，以提高出材率并保证毛料的质量。

事实上，在配料时可以灵活采用各种方法，其目的是充分利用木材，提高工作效率和产品的质量。

模块二　木家具的加工

木材经过配料，将锯材按零件的规格尺寸和技术要求锯成毛料，但有时毛料可能因为干燥质量不好而带有翘曲、扭曲等各种变形，再加上配料加工时基准都较粗，毛料的形状和尺寸总会有误差，表面也是粗糙不平的。为了保证后续工序的加工质量，以获得准确的尺寸、形状和光洁的表面，必须先在毛料上加工出正确的基准面，作为后续工序加工时的精基准，并逐步加工其他面使之获得准确的尺寸、形状和表面光洁度。

一、基准面的加工

基准面包括平面（大面）、侧面（小面）和端面三个面。平面和侧面的基准面可以采用铣削方式加工，常在平刨或铣床上完成；端面的基准面一般用横截锯加工。对于各种不同的零件，按照加工要求的不同，不一定都需要三个基准面，有的只需将其中的一个或两个面作为基准面。

1. 在平刨床上加工

在平刨上加工基准面是目前家具制作中普遍采用的一种方

法，它可以消除毛料的形状误差。

平刨床一般都是手工进给的，加工中操作人员的手要通过高速旋转的刀轴，因而手指被切割的危险性很大，因此工作时必须严格遵守安全操作规程。操作前，应对被加工的零件进行查看，确定操作方法。送料时右手握住工件的尾部，左手按压工件中部，紧贴靠山向前推送。当右手距离刨口 100 mm 时，即应抬起右手靠左手推送。在操作中应随着工件的移动，调换双手。对于被加工毛料，一般是将被选择的表面先粗定为基准，此时是粗基准。经过切削后，及时将压持力从前工作台转移到后工作台，此时基准面变为刚被加工的表面，且是精基准。将粗基准转换成精基准的关键是将压持力从前工作台转移到后工作台，以尽可能地提高加工精度。

2. *在铣床上加工*

用下轴铣床可以加工基准面、基准边及曲面。加工基准面时，将毛料靠紧导尺进行。加工曲面则需用夹具，夹具样模的边缘必须具有精确的形状和平整度，毛料固定在夹具上，样模边缘紧靠刀轴上的挡环进行铣削就可加工出所需的基准面。

3. *用横截锯加工*

有些实木零件需要做钻孔加工时，往往要以端面作为基准，而在配料时，所用截断锯的精度较低，因此，毛料经过刨削以后，一般还需要再截断（精截），也就是进行端基准面的加工，使它与其他表面具有所要求的相对位置与角度，使零件具有精确的长度。

二、相对面的加工

为了满足所需要的零件规格尺寸和形状，在加工出基准面后，还需对毛料的其余表面进行加工，使之平整光洁，与基准面之间具有正确的相对位置和准确的断面尺寸，从而加工成规格精料，这就是基准相对面的加工，也称规格尺寸加工。一般可以在压刨、铣床等设备上完成。

三、板缝拼接

用木材做桌面板等大幅面的板材，需将多块窄的实木板通过一定的侧边拼接方法拼接成所需要宽度的板材，即拼板。这样不仅可减少变形开裂，而且增加了形状稳定性，同时扩大幅面尺度和提高木材利用率。

拼板的接合方法有平拼、搭口拼、企口拼、穿条拼、插入榫拼、螺钉拼（明螺钉拼、暗螺钉拼）、穿带拼、吊带拼等，见表5—1。

表5—1　　实木拼板的拼接方法

方式	结构简图　结合方式	备注
平拼	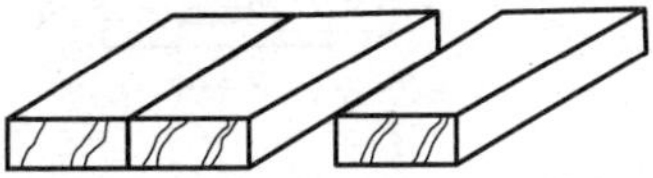	
搭口拼	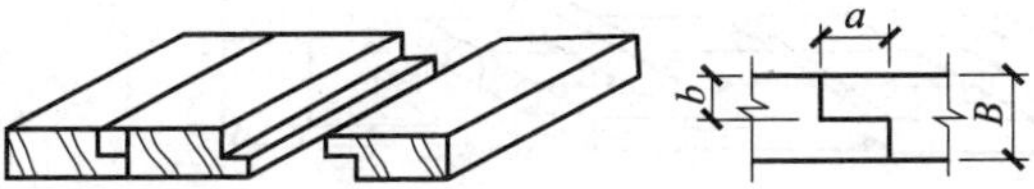	$b=B/2$ $a=1.5b$
企口拼	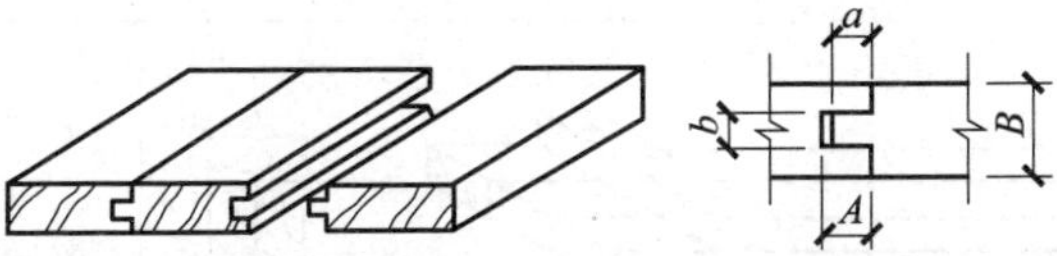	$b=B/3$ $a=1.5b$ $A=a+2$ mm
穿条拼	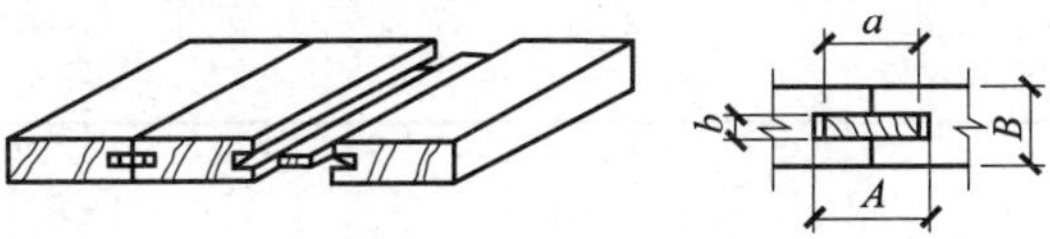	$b=B/3$ $a=(2\sim3)b$ $A=a+3$ mm
插入榫拼	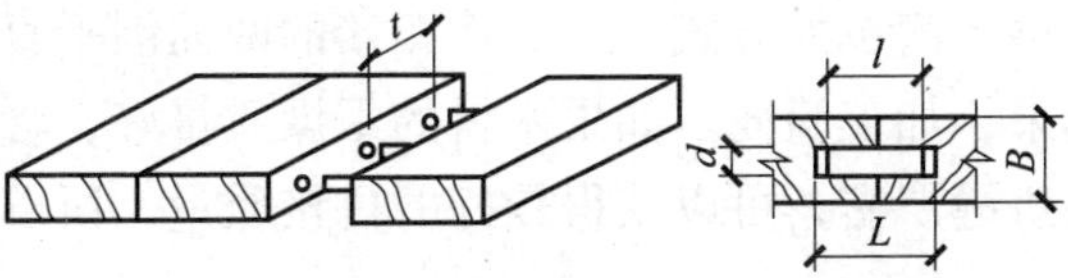	$d=0.4\sim0.5B$ $l=(3\sim4)d$ $L=l+3$ mm $t=150\sim250$ mm

续表

方式	结构简图　结合方式	备注
明螺钉拼	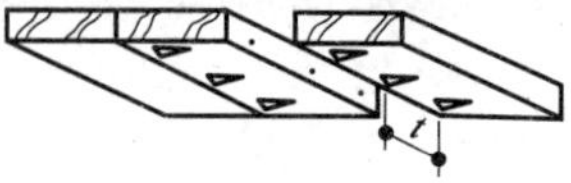 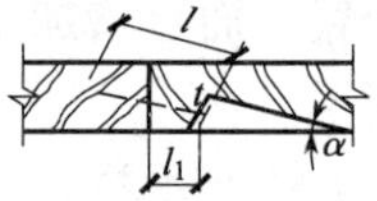	$l=32\sim38$ mm $l_1=15$ mm $\alpha=15°$ $t=150\sim250$ mm
暗螺钉拼	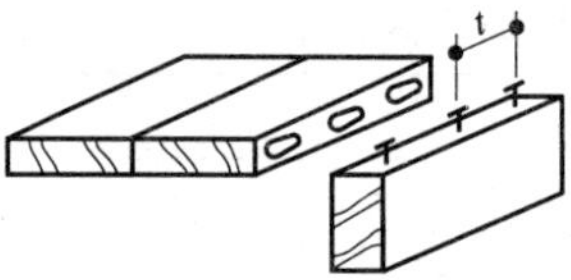 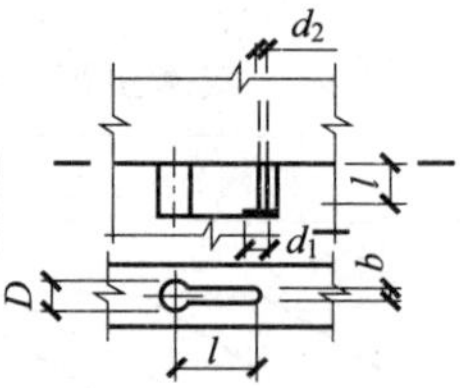	$D=d_1+2$ mm $b=d_2+1$ mm $l=15$ mm $t=150\sim250$ mm d_1—螺钉头直径 d_2—螺钉杆直径
穿带拼	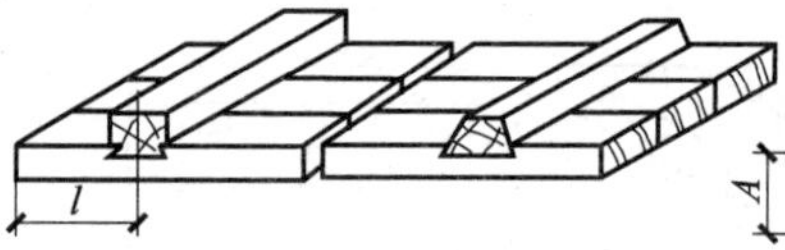 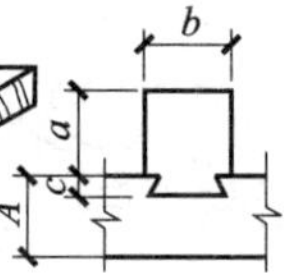	$c=A/4$ $a=A$ $l=L/6$ $L=$板长
吊带拼	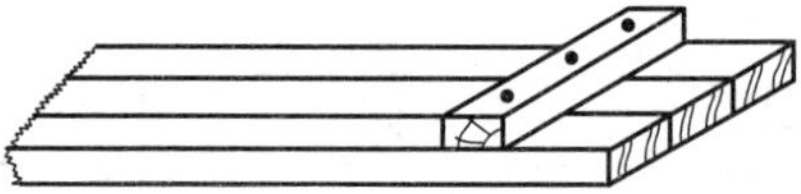 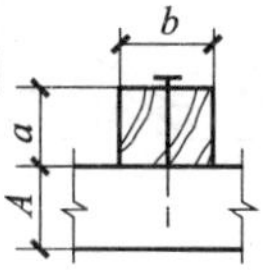	$a=A$ $b=1.5\ A$

1. 平拼

平拼是一种较简单的方式，只需将相接的两面刨平直，涂胶后将其胶接起来，加工简便。如果木材的干燥质量好，含水率符合使用条件，拼缝严密，可以获得较好的拼接质量，所以这种方法应用很广。

2. 搭口拼

又称裁口拼、高低缝拼或叠口拼，其裁口的深度和宽度一般为拼板厚度的1/2，此种拼板在收缩时，因是高低缝拼合，可以掩盖住缝隙而不会有透光缝，但其耗材则要比平口缝拼合时多8%左右。

3. 企口拼

又称龙凤榫拼。为严密板缝，在榫顶和槽底间应留有1 mm的空隙，榫边要倒棱角。

4. 穿条拼

是先在每块板的侧面开槽，嵌条可用干燥的小木条或胶合板条制成，加工较为简单。

5. 插入榫拼

比平拼多了圆榫或方榫，其加工精度要求准确，每块板条上都得钻孔，而且钻孔不能有丝毫的差别，否则就会装不好或装不上。用插入榫拼接既需要较高的技术，又浪费时间，故除了有特殊要求外，生产中很少应用。

6. 明螺钉拼

先在板背面凿切出三角形斜口，使该三角口离板缝15 mm，然后钻出一个螺钉能通过的小孔，再向小孔内插入木螺钉，使其与相拼合的第二块板拧紧拉牢。须注意三角口内斜面的前端深度，不宜超过板厚的3/5。

7. 暗螺钉拼

又称挂螺钉拼。先在一块板侧面钻孔和开出槽口，在另一块板的侧面拧上木螺钉，拧入深度为1/2螺钉长度左右。拼板时，将露出的螺钉头插入前一块拼板侧面已钻好的圆孔内，并使两块板的侧面紧贴，再向槽口方向敲击板端，使螺钉头卡在槽口内，从而达到紧密拼合。

8. 穿带拼和吊带拼

在拼板的背面设置横贯的木条，可以起到防止翘曲的作用，加工时不用施胶。

四、打眼、开槽、裁口

1. 打眼

榫眼及各种圆孔大多用于家具零部件的接合部位，孔的位置精度及其尺寸精度对于整个家具的接合强度及质量都有很大的影响，因此榫眼和圆孔的加工也是整个加工过程中一个很重要的工序。加工任何榫眼都应按所画墨线进行操作。

加工直角榫眼可采用手工打眼的方法，使用的工具是凿子，选用凿子的宽度需和榫眼的宽度一致。操作时，将凿子垂直工件斜刃向外，先从榫眼的一端开始，在距离所画线 3 ~5 mm 处下第一凿，将凿子垂直往下打，然后向前移动一段距离下第二凿，此凿应向后偏斜，和第一凿口相会合，并把凿下的切屑剔出，依次加工直到接近榫眼的另一端时，再将凿子翻转过来，压住末端所画的线下凿，最后再将凿子压住开始端的线补凿一次，使沿着榫眼长度的两个孔壁平直。榫眼较深，应分层凿削，当达到所需深度后，把孔壁和孔底修平整。

零件上除了榫眼外，还有一些其他形状的孔，如插入木销和圆榫的圆孔及安装木螺钉的螺钉孔等。加工这些孔使用相应的螺钉钻、手电钻、弓摇钻及木牵钻等工具。

2. 开槽和裁口

家具因结构要求，常安装有嵌板、镜子和推拉门等，就需在相闭合的部件上开槽和裁口。开槽要求的技术较高，尤其是用手工工具来开槽的时候。为了减少开槽的困难，最好把它开成宽而浅的槽。

手工开槽应使用槽刨，操作前，在槽刨上根据槽的宽度装上相应尺寸的刀片，槽与侧面的距离，通过调节在槽刨上的导向块来控制。加工时，将导向块紧贴加工件的侧面向前推动刨槽。

裁口采用边刨，操作时，需左手扶料，右手推刨。在操作时，一般先从离前端 15 ~20 cm 处开始向前刨，以后逐渐向后退，使每次刨削长度不至于太长，最后再将刨子从后端推到前端全长刨一次，使所刨的凹槽和裁口深浅、宽窄一致，并要求槽口平直不戗茬起毛。

用电动工具来开槽和裁口要相对容易些。开槽和裁口时，按切割纤维方向有顺纤维方向切削和横纤维方向切削。顺纤维方向切削时，刀头上不需要装有切断纤维的割刀。为保证要求的尺寸精度，应正确选择基准面和采用不同的刀具，并使导尺、刀具和工作台面之间保持正确的相对位置。

五、方材接长

方材长度方向的拼接常用的有对接、斜接和指接三种形式。

1. 对接

对接是将小料方材在端面采用平面胶合的方法，如图 5—3a 所示。对接的接合面是端面，由于木材端面不易加工光洁，同时在端面上涂胶后，胶液渗入管孔较多，难以获得牢固的接合强度，一般只用于细木工板的芯板和受压胶合构件的中间层。

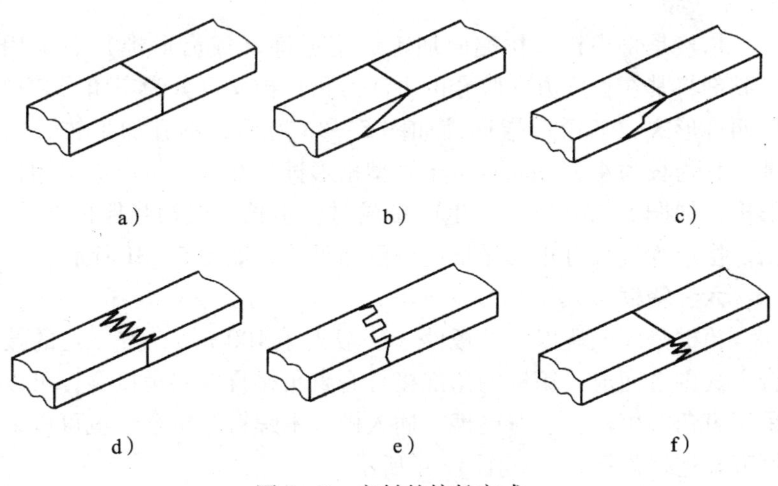

图 5—3　方材的接长方式

a）对接　b）c）斜接　d）e）f）指接

方材的对接须将小方材在圆锯机上精截后胶合，常用的胶种为脲醛树脂胶（UF）和聚醋酸乙烯酯乳液胶（即白乳胶 PVAC）等。方材端面涂胶后对接，采用端向加压，在压力下保持 4 ~ 8 h，待胶固化后再进行后续加工。

2. 斜接

斜接是将小料方材端面加工成斜面后采用胶黏剂将其在长度方向胶合的方法，如图 5—3b 所示。为了保证其接合强度，斜面接合的长度应该等于方材厚度的 10 ~ 15 倍，这样木材损耗就较大，而且斜面长度太大也不易加工。为了增加接触面积，也可采用阶梯斜面胶接合等形式，如图 5—3c 所示。

斜面接合是将小方材放在圆锯机上加工，锯片须倾斜安装，或使工作台面倾斜，也可采用楔形垫板，使方材倾斜放置进行锯切。此外，也可利用压刨或铣床进行加工，但需有专用的样模夹具。将加工好的方材斜面涂上胶，端向加压，在压力下保持 4 ~ 8 h，待胶固化后再进行后续加工。

3. 指接

指接是将小料方材端面加工成指形榫（或齿形榫）后采用胶黏剂将其在长度方向胶合的方法。指形榫又可分为三角形和梯形两种形式。三角形指形榫如图 5—3d 所示，不宜加工较长的榫，其指长为 4 ~ 8 mm，属于微型指形榫。在工厂生产中多用梯形榫，如图 5—3e 所示，生产集成材，指长一般为指距的 3 ~ 5 倍。指形榫接合可正面见指也可侧面见指，如图 5—3f 所示。

六、箱框

箱框是由四块以上的板件（一般大于 100 mm）按一定的接合方式围合而成。箱框的角部接合有直角接合或斜角接合，可以采用直角多榫接合、燕尾榫、插入榫、木螺钉等接合，也可以采用五金连接件接合，如图 5—4 所示。

箱框的中部可能设有中板，箱框的中板接合常采用直角槽榫、燕尾榫、直角多榫、插入榫等固定式接合，如图 5—5 所示。

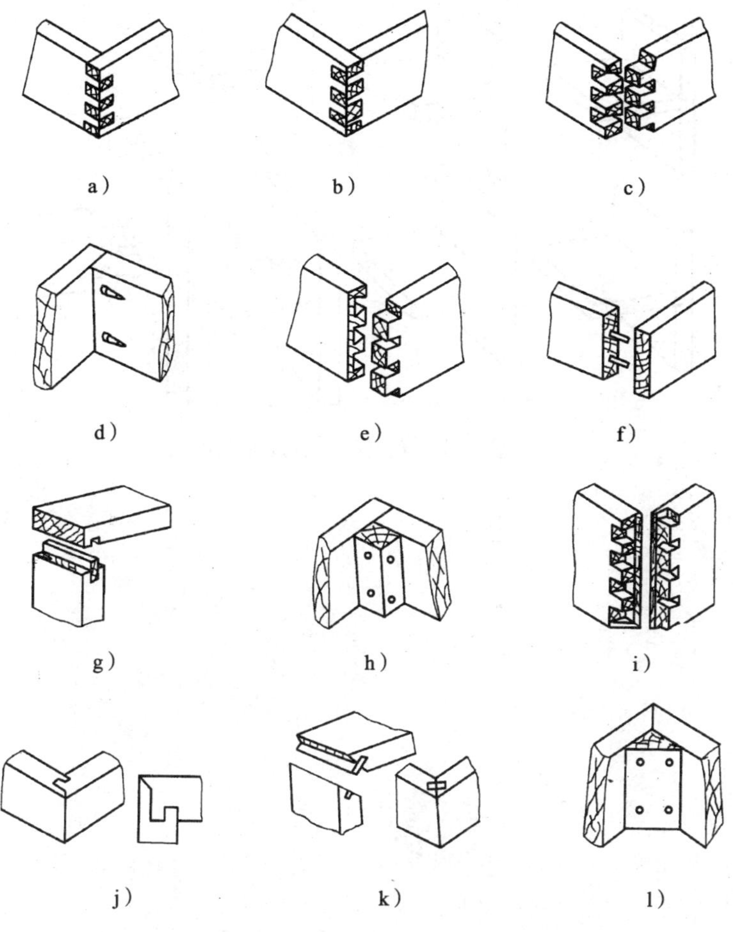

图 5—4　箱框结构种类与固定式接合方式

a）~h）直角接合　i）~l）斜角接合

a）直角榫　b）斜形榫　c）明燕尾榫　d）安螺钉　e）半隐燕尾榫

f）圆榫　g）插条榫　h）方形木塞角　i）全隐燕尾榫　j）搭槽榫

k）插条榫　l）三角木条塞角

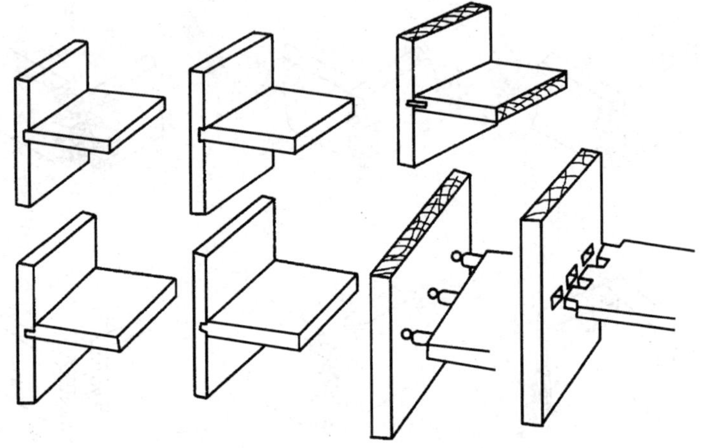

图 5—5　箱框的中板接合方式

第六单元　建筑装饰装修工程

模块一　吊 顶 工 程

吊顶，又称天棚、顶棚，是用来遮盖屋顶杂乱的结构或隔热保温的一种最基本的装修构造。吊顶工程具有保温、隔热、隔声和吸声的功能，是现代室内装饰的重要部分。

吊顶装饰按龙骨材质不同可分为木龙骨吊顶、轻金属龙骨吊顶、其他材质吊顶等。我国传统的吊顶龙骨为木质材料，新型的吊顶龙骨多为轻钢龙骨和铝合金龙骨。采用木龙骨、轻钢龙骨为骨架，配以罩面装饰板的安装或镶贴，用于建筑室内顶棚或墙面的装饰，可以提高装饰工程的施工效率，可以满足某些使用要求，特别是具有完美的室内装饰艺术效果。

一、吊顶的构造

吊顶的构造主要由支撑、基层和面层三部分组成。

1．支撑部分

支撑部分悬挂于屋顶或上层楼面的承重结构上，垂直于桁架方向设置的主龙骨间距为1.5 m左右，主龙骨上设置吊筋，吊筋一般为断面较小的型钢、钢筋或木吊筋。

2．基层部分

用木材、型钢及轻金属等材料制成，其布置方式及间距根据面层所用的材料而定，一般间距不大于60 cm。

3．面层部分

面层多为各种轻质材料的拼装。

吊顶装饰工程的施工必须在顶棚水、电、暖通等分项工程全部验收合格以后方可进行，否则会因水、电、暖通等工程的施工质量而影响顶棚的饰面质量和装饰效果，同时顶棚中的重型灯具、电风扇、其他重型设备等，均不得与顶棚主龙骨直接连接，而必须单独与结构层固定。

二、木吊顶

木吊顶由吊筋、主龙骨、次龙骨及罩面板等组成。其施工方便、灵活，取材容易，但由于其不耐温、易虫蛀、易变形、不防火、工业化程度低等缺点，使用已越来越受到限制。

1. 施工准备

（1）材料要求。木料：要求木龙骨和木质面板要进行防火、防腐处理。木材骨架料应为烘干、无扭曲的红白松树种；不得使用黄花松。木龙骨规格按设计要求，如设计无明确规定时，大龙骨规格为 50 mm × 70 mm 或 50 mm × 100 mm，小龙骨规格为 50 mm ×50 mm 或 40 mm ×60 mm，吊杆规格为 50 mm × 50 mm 或 40 mm ×40 mm。

罩面板材及压条：按设计选用，严格掌握材质及规格标准。

其他材料：圆钉，ϕ6 mm 或 ϕ8 mm 螺栓，射钉，膨胀螺栓，胶黏剂，木材防腐剂和 8#镀锌铁线。

（2）主要机具。机械：小电锯、小台刨、手电钻。

手动工具：木刨、线刨、锯、斧、锤、旋具、摇钻等。

2. 木龙骨吊顶传统工艺的施工

（1）木龙骨吊顶传统工艺的施工工序：放线→下料→钉沿墙龙骨→确定吊筋位置→安装主龙骨→安装次龙骨→调平→刷防火涂料。

（2）木龙骨吊顶传统工艺的施工要点

1）放线。确定标高线是顶棚装饰工程施工的重要内容之一，标高线的正确与否直接影响室内家具、墙面及其他配套工程的施工。顶棚的设计标高线可用透明塑料软管求得，如图 6—1 所示。

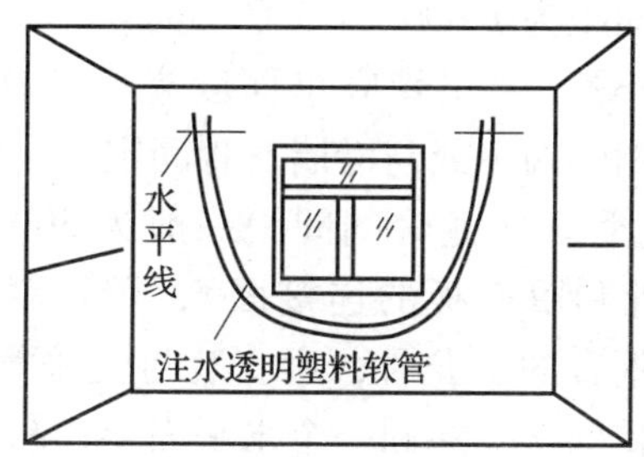

图 6—1　用塑料软管求顶棚的设计高度线

具体操作如下：取一根长 5 ~6 m、直径为 15 ~25 mm 的透明塑料软管，先从一端开始向管内注水，直到另一端出水且管内无水泡时为止，把它挂在墙上备用，然后在某一墙面上的基准线的某一点开始向上测出设计标高线上的相应位置，将透明塑料软管一端的水平面对准已测得的设计标高线的某一点，再将透明塑料软管的另一端水平面放在同侧墙面的另一位置，当管内水平面静止不动时，用笔标出另一端软管水平面的位置，把这两点连接起来所得到的线即为顶棚的设计标高线。

用同样的方法可画出其他墙面上的顶棚设计标高线。必须注意：同一个工程的基准高度线只能以一个点为参照标准，其他墙面的设计标高线均以此点为标准进行测量放线。

2）下料。龙骨要选用材质较疏松，易钉、刨、锯，含水率及干缩性小，不易变形的树种，如白松、红松、椴木等。主龙骨的断面尺寸一般为 40 mm ×60 mm 或 60 mm ×60 mm，次龙骨的断面尺寸采用 30 mm × 40 mm 或 20 mm ×30 mm，长度根据图样的设计要求确定。

3）钉沿墙龙骨。沿设计标高线用电锤钻孔钉入木楔，然后用与次龙骨相同规格的木方钉入，注意木方的底部与设计标高线之间必须保证有饰面层材料的厚度。

4）确定吊筋位置。不上人吊顶主龙骨间距为 1 200 ~

1 500 mm，吊筋间距为 1 000 ~1 500 mm。

5）安装主龙骨。主龙骨应单面刨光（与次龙骨连接面），两端分别伸到两侧的墙中或与沿墙龙骨固定。

6）安装次龙骨。次龙骨的间距一般为 300 mm，两边刨光（分别是与主龙骨和罩面板的连接面），用钉斜向钉入主龙骨，先安装与主龙骨垂直的次龙骨，后安装与主龙骨平行的次龙骨，同时要保证次龙骨的接头在同一个水平面上，高低误差不得大于 0.5 mm。

7）调平。在两端墙面上沿每根主龙骨方向拉通线，根据房屋的跨度按一定的比例起拱，然后固定吊筋。固定吊筋时先把吊筋与顶棚结构层连接，再与主龙骨连接，施工过程中一定要保证吊筋与楼板结构间的连接牢固，如发生松动，应及时重新安装。吊筋的下端不应冒出次龙骨的底面，否则会影响罩面板的安装。

8）刷防火涂料。待龙骨调平以后刷 1 ~2 遍符合国家防火要求的涂料，等待隐蔽工程验收。

三、轻钢龙骨吊顶

轻钢龙骨吊顶是以镀锌钢带轧制成的轻金属龙骨为骨架组成的吊顶，按其承载能力不同可分为上人龙骨吊顶和不上人龙骨吊顶，轻钢龙骨吊顶由吊筋、主龙骨、次龙骨、横撑龙骨及各种吊、挂件组成，具有自重轻、刚度大、防火与抗震性能好、施工方便灵活、工业化程度高等优点，现在已经广泛地应用在装饰工程的顶棚施工中。

1. 施工准备

（1）材料要求。主要材料有主龙骨、纸面石膏板、主龙骨吊件、次龙骨吊挂件、主龙骨连接件、次龙骨连接件、支托连接件、吊筋、角铁吊件、膨胀螺栓、螺母、高强自攻螺钉、防锈漆、机油、焊条等。

（2）主要机具。主要机具有电锤、手枪钻、金属切割机、砂轮机、电焊机、气泵、风批、拉铆枪、气带、激光自动安平标线仪、施工线、墨斗、盒尺、锤子、錾子、扫帚、板牙等。

2. 轻钢龙骨吊顶工艺的施工

（1）轻钢龙骨吊顶骨架安装的施工工序：放线（确定标高线）→下料 →钉沿墙龙骨→安装吊筋→安装主龙骨→安装次龙骨→安装横撑龙骨→调平。

（2）轻钢龙骨吊顶骨架安装的施工要点

1）放线。同木龙骨吊顶施工。

2）下料。轻钢龙骨石膏板吊顶的龙骨长度应根据图样的要求进行裁切或加长，吊筋的长度应按实际要求确定。

3）钉沿墙龙骨。其施工方法与木龙骨相同，但沿墙龙骨可采用木方或轻钢龙骨的次龙骨。

4）安装吊筋。先确定吊筋的位置，再在结构层上钻孔安装膨胀螺栓。上人龙骨的吊筋采用直径 6 mm 的钢筋，间距为 900 ~ 1 200 mm；不上人龙骨可采用直径为 4 mm 的钢筋，间距为 1 000 ~ 1 500 mm。

5）安装主龙骨。上人龙骨主龙骨的间距为 900 ~ 1 000 mm，不上人龙骨的间距为 1 000 ~ 1 500 mm。主龙骨一般沿房屋的短方向布置，主龙骨与吊筋通过吊件连接，在吊件安装时要保持吊件可上下调节，同时要保证主龙骨在吊件中的稳定。主龙骨的悬伸长度不得超过 300 mm，主龙骨的加长必须通过加长件来连接，且有 10 mm 的膨胀缝。

6）安装次龙骨。次龙骨通过挂件与主龙骨连接，方向与主龙骨垂直，次龙骨的间距为 400 ~ 600 mm，并符合饰面材料的模数。次龙骨的加长也必须通过加长件来连接，且有 10 mm 的膨胀缝。

7）安装横撑龙骨。待次龙骨安装完成以后，即可进行横撑龙骨的安装，也可以在安装面板的同时安装横撑龙骨。横撑龙骨与主龙骨平行安装，与次龙骨相垂直且在同一个平面内，通过挂件与次龙骨连接，间距为 600 mm，同时也要符合饰面板的模数。

8）调平。调平时可将 60 mm × 60 mm 方木按主龙骨间距钉圆钉，再将长方木横放在主龙骨上，并用铁钉卡住主龙骨，使其按规定间隔定位，临时固定。方木两端要顶到墙上或梁边，再按十字和对角拉线，拧动吊筋螺母，调节主龙骨。

模块二　轻质隔墙工程

为了减轻墙体重量，增加室内使用面积或满足某些特殊需要，建筑工程设计有时会设隔墙（通屋顶）或隔断（不通屋顶）。其主要作用是把房屋隔离成不同功能的空间并有一定的装饰效果。轻质隔墙是分隔室内空间的非承重墙体，所用材料主要是轻质板材和轻质砌块。轻质隔墙按材料不同可分为板材轻质隔墙、骨架轻质隔墙、活动轻质隔墙和玻璃轻质隔墙。

骨架轻质隔墙又分为木龙骨轻质隔墙、轻钢龙骨轻质隔墙和铝合金轻质隔墙等。以下主要介绍前两种。

一、木龙骨轻质隔墙工程

木龙骨轻质隔墙是以木龙骨为骨架，木夹板、石膏板、水泥压力板等为饰面板组成的室内隔断，是一种较为传统的室内隔断。

1. 施工准备

（1）木龙骨安装前，应检查主体，检查水暖、电气管线，检查其是否符合设计要求。

（2）木龙骨所用木材树种、材质等级、含水率及防腐、防火处理，必须符合要求。

（3）接触砖、石、混凝土的骨架和预埋木砖应防腐处理，所用钉件必须镀锌。

（4）常用的木工工具有锤子、方尺、卷尺、线锤、粉线包、钳子、旋具、割刀等；常用的木工电动工具有电动圆锯、电动曲线锯、电动刨、射钉抢等。

（5）罩面板用的胶合板、纤维板的规格和性能应符合要求。

（6）胶黏剂可选用竹木专用的胶黏剂，常用的有脲醛胶；泥子应用油性泥子。

2．木龙骨轻质隔墙的施工

（1）木龙骨轻质隔墙的施工工序：弹线→加工和安装木龙骨→安装饰面板→细部处理。

（2）木龙骨轻质隔墙的施工要点

1）弹线。根据设计要求和现场实际情况在地面、墙面及顶棚弹出隔墙的中心线和边线。对于底层及有防潮要求的隔墙应在地面隔断位置先做混凝土或砖地垄。

2）加工和安装木龙骨。根据弹好的基准线，量出木龙骨的实际尺寸后进行加工，龙骨必须两边刨光，断面尺寸一般为40 mm×60 mm或40 mm×80 mm。龙骨安装时要检查牢固情况及平整度，安装完成后要按要求进行防火处理。

3）安装饰面板。龙骨安装完成，经验收合格后，即可进行饰面板的安装。安装时宜从墙的一侧向另一侧进行，板材宜竖向铺设，用钉固定，间距为80～150 mm，钉帽打扁并进入板内0.5～1 mm，板与板之间、板与周围墙之间均应按要求留缝。

4）细部处理。饰面板安装完成后，板与板、板与墙之间的缝隙应用泥子进行修补，钉帽用油性泥子批嵌或用防锈涂料进行涂刷，同时标明开关、插座的位置。

3．木龙骨轻质隔墙的施工注意事项

（1）对于底层有防潮要求的隔断禁止直接安装在地面上，应先做混凝土或砖龙骨，以防受潮引起变形。

（2）饰面板的接缝禁止安装在龙骨上，以免接缝处饰面板松动。

（3）饰面板禁止直接安装在地面上，饰面板与地面之间应留一定的空隙，以防饰面板受潮变形。

(4) 饰面板安装时禁止从两侧同时向中间固定，应从一侧向另一侧推进或从中间向两侧进行。

(5) 隔断中穿越的管线等隐蔽工程必须先在骨架上安装好。

二、轻钢龙骨轻质隔墙工程

轻钢龙骨轻质隔墙是以镀锌钢带或薄壁冷轧退火卷带为原料，经龙骨机辊压而成的轻钢龙骨为骨架，以石膏板、水泥压力板等饰面板组成的室内隔墙，其防潮防火性能好，广泛应用于室内装饰施工中。

1. 施工准备

(1) 主要机具。锯、电动剪、电动自攻钻、电动无齿锯、手电钻、射钉枪、直流电焊机、刮刀、线锤、靠尺等。

(2) 主要材料

1) 轻钢龙骨。主件有沿顶沿地龙骨、加强龙骨、竖(横)向龙骨、横撑龙骨。配件有支撑卡、卡托、角托、连接件、固定件、护角条、压缝条等。

龙骨外观应表面平整，棱角挺直，过渡角及切边不允许有裂口和毛刺，表面不得有严重的污染、腐蚀和机械损伤。

2) 紧固材料。射钉、膨胀螺栓、镀锌自攻螺钉、木螺钉等。

3) 填充材料。玻璃棉、矿棉板、岩棉板等。

4) 石膏板、水泥压力板等罩面板。

2. 轻钢龙骨轻质隔墙的施工

(1) 轻钢龙骨轻质隔墙的施工工序：弹线→做地枕带→安装龙骨→安装一面饰面板→隐蔽验收→填塞岩棉→安装另一面饰面板→钉眼防锈处理→细部处理→产品保护。

(2) 轻钢龙骨轻质隔墙的施工要点

1) 弹线。在基体上弹出水平线和竖向垂直线，以控制隔断龙骨安装的位置、平整度和固定点。

2) 做地枕带。当设计有要求时，按设计要求做豆石混凝土地枕带。做地枕带应支模，豆石混凝土应浇捣密实。

3）安装龙骨

①固定沿顶、沿地龙骨。沿弹线位置固定沿顶、沿地龙骨，可用射钉或膨胀螺栓固定，固定点间距应不大于600 mm，龙骨对接应保持平直。

②固定边框龙骨。沿弹线位置固定边框龙骨，龙骨的边线应与弹线重合。龙骨的端部应固定，固定点间距应不大于1 m，固定应牢固。边框龙骨与基体之间，应按设计要求安装密封条。

③安装竖向龙骨应垂直，龙骨间距应按设计要求布置。

④选用支撑卡系列龙骨时，应先将支撑卡安装在竖向龙骨的开口上，卡距为400～600 mm，距龙骨两端的距离为20～25 mm。

⑤选用通贯系列龙骨时，小于3 m的隔断安装一道；3～5 m的隔断安装两道；5 m以上的隔断安装三道。

⑥门窗或特殊节点处使用附加龙骨，安装应符合设计要求。

⑦隔断的下端如用木踢脚板覆盖，隔断的罩面板下端应离地面20～30 mm；如用大理石、水磨石踢脚，罩面板下端应与踢脚板上口齐平，接缝要严密。

4）安装石膏板

①石膏板宜竖向铺设，长边（即包封边）接缝应落在竖龙骨上。

②龙骨两侧的石膏板及龙骨一侧的内外两层石膏板应错缝排列，接缝不得落在同一根龙骨上。

③石膏板用自攻螺钉固定。沿石膏板周边螺钉间距不应大于200 mm，中间部分螺钉间距不应大于300 mm，螺钉与板边缘的距离应为10～16 mm。

④安装石膏板时，应从板的中部向板的四边固定，钉头略埋入板内，但不得损坏纸面。钉眼应用石膏泥子抹平。

5）接缝及护角处理。纸面石膏板墙接缝做法有三种形式，即平缝、凹缝和压条缝。一般做平缝较多，其接缝处应适当留缝（一般为3～6 mm），并必须坡口与坡口相接，可按以下程序处理：清除干净接缝内浮土→刷一道 108 胶水溶液→用小刮刀把接缝泥子嵌入板缝，板缝要嵌满嵌实，与坡口刮平→待泥子干透后，检查嵌缝处是否有裂纹产生，如产生裂纹要分析原因，并重新嵌缝→在接缝坡口处刮约 1 mm 厚的泥子，然后粘贴玻璃纤维带，压实刮平。

3．轻钢龙骨轻质隔墙的施工注意事项

（1）龙骨安装时禁止强拉硬拔，应轻拿轻放，避免损坏龙骨，影响安装质量。

（2）为防止竖龙骨的滑移，可将天、地龙骨和竖龙骨用铆钉固定。

（3）龙骨与墙体的固定可以采用射钉，当墙体为混凝土时射钉射入墙体的深度为 20 ~ 30 mm。

（4）竖龙骨应按要求长度预先进行切割，切割口应留在上端，且上下方向、冲孔位置不能颠倒，并要在同一水平面上，以利于横撑龙骨的安装。

（5）石膏板禁止在有应力状态下安装，不得强压就位，应从中间向四周或从一侧向另一侧进行。

（6）石膏板可以横向或纵向铺设，有防水要求的墙体必须纵向铺设。

（7）石膏板对接应错开，隔墙两面的板横向接缝也应错开，墙两面的接缝不能落在同一根龙骨上。

（8）石膏板与周围基体应松散地吻合，留有不小于 5 mm 的槽口。

模块三　木地板铺设

木地板一般分为实木地板和复合木地板两类。按照施工类型可分为架空铺设和实铺两种。

一、实木地板铺设

实木地板是采用条材或块材实木地板，以空铺或实铺的方式在基层上铺设而成，按其材质不同可分为普通实木地板和硬木实木地板；按表面涂饰可分为素板（未涂饰地板）和漆板（涂饰地板）。其构造如图 6—2 所示。

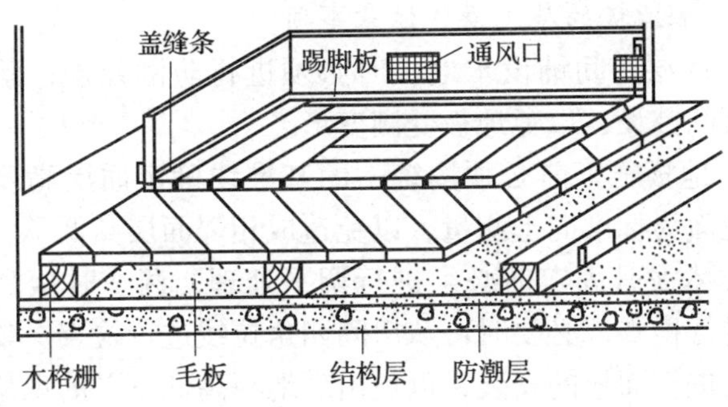

图 6—2　实铺实木地板构造

实木地板具有纹理自然、质感好、返璞归真、装饰效果好、无污染、可调节室内湿度、保温性能好、有弹性、硬度适中、防静电等特点。

1. 实木地板的施工工序

基层处理→分格弹线、安装木龙骨→安装地板→饰面处理。

2. 实木地板的施工要点

（1）基层处理。基层表面应平整、坚硬、洁净、干燥、不起砂；与厕浴间、厨房等潮湿场所相邻的木质面层连接处应做防水（防潮）处理；底层地面应采取相应的防潮处理。根据设计要求和墙面的标高线确定地面的标高，并在四周墙上弹水平线。

（2）分格弹线、安装木龙骨。基层处理完成后，在地面上相应位置弹出木龙骨的位置线，木龙骨间距一般为 200 ~ 300 mm，然后用电锤钻孔塞木楔或用混凝土固定木龙骨。

（3）安装地板。木龙骨调平、固定后即可进行面板的施工。

当铺设毛地板时，每块毛地板与其下的木龙骨各用两根钉子固定，钉子的长度为板厚的2.5倍。面板铺设时可用胶粘贴或用钉固定。

（4）饰面处理。木地板完成后应及时清理表面的灰尘和溢出的胶水，并用软纸板或夹板进行覆盖。

3. 实木地板的施工操作注意事项

（1）底层房间铺设木地板时必须进行防潮处理，禁止直接进行地板的铺设，以免地板受潮变形。

（2）地板施工前必须按统一的基准线确定面层高度，禁止以房间地面为标准向上测量，以免造成相邻面层高低不平。

（3）木龙骨固定前必须进行调平处理，调平时从房间两端拉通线进行检查，必要时可从房间四角拉线进行检查。禁止未经调平直接进行面板的安装，以免出现地板高低不平的现象。

（4）面层地板安装后如有不平，应及时进行刨光，刨削时应顺木纹进行，禁止横向刨光，以免出现刨痕和毛刺。

（5）面板间的缝隙禁止用水性泥子批嵌，以免引起地板的变形。

（6）用胶粘贴地板时应随即用重物填压，使之粘接牢固，当有胶液溢出时应及时用抹布清除干净，禁止隔日清理，以免胶液硬化或渗入木纹中影响地板的质量。

（7）地板安装时禁止用锤敲击地板表面，以免留下锤印，影响地板表面的装饰效果。

（8）室内上水或暖气片试水，禁止在木地板刷油漆或烫蜡前进行，以免木地板遭浸泡。

二、复合木地板铺设

复合木地板是以中密度木纤维板为基材、用特种耐磨塑料贴面板或用珍贵树种的2~4 mm薄木为面材的新型地面装饰材料，一般由防潮耐火超耐磨表面层、装饰层、增强层、高密度纤维板基层、防潮底层等组成，如图6—3所示。

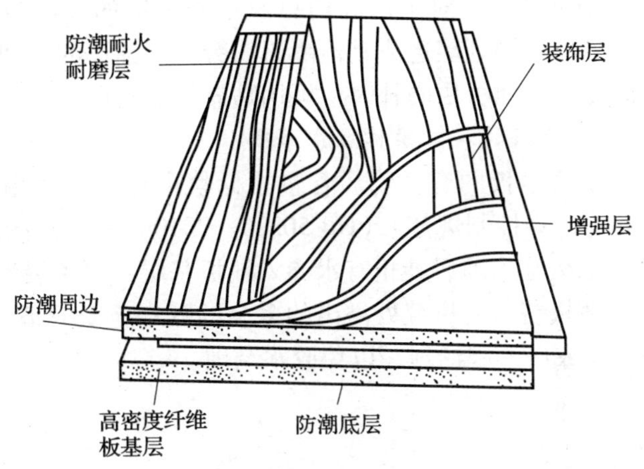

图 6—3　复合木地板的构造

复合木地板具有不易翘曲开裂、安装简便、减少施工现场环境污染等优点。

1. 复合木地板的施工工序

基层处理→铺设防潮层→安装地板→细部处理。

2. 复合木地板的施工要点

（1）基层处理。地板铺设前，房间门套底部和橱柜底部应留有足够的伸缩缝，基层表面应洁净、干燥、平整。

（2）铺设防潮层。防潮层的铺设方向宜与面板相垂直，其接合处采用不小于 200 mm 宽的重叠面，并用防水胶带纸封好。防潮层除了防止面板受潮外，还起增加面板弹性的作用。

（3）安装地板。地板铺设应由里向外进行。铺设时先将胶水均匀涂刷在板两边的凹企口内，以确保每块地板之间紧密粘贴。铺设第一块板材时，板材的凹企口应朝向墙面，板材与墙壁间插入木楔，使其间有 8 ~ 10 mm 的伸缩缝；然后用锤子和硬木块轻敲已拼装好的板材，使之粘紧密实。地板铺设完成后，用踢脚线封盖地板面层，并保持房间通风。

（4）细部处理。对于房间门口及不同高度的地面应收口盖板封压；当地板铺到墙边或其他障碍物旁，要铺设的空间大于踢脚板，而无法用地板块嵌补时，可用贴靠扣板封压。

3. 复合地板的施工操作注意事项

（1）复合地板的有害物质含量指标禁止超过《民用建筑工程室内环境污染控制规范》（GB 50325—2010）的规定的要求。

（2）地板施工前后禁止有水渗入地板基层，以免浸泡地板。

（3）地板挤压时拼缝处溢出的多余的胶水应及时清理干净，禁止施工完成后一起清理，以免胶水结硬。

第七单元　安全生产与文明施工

模块一　安 全 生 产

木工操作的基本材料是木材，因此防火成为安全生产的第一保障要素。此外，木工工具在使用中要注意人身安全，要按照工具的操作规范进行操作。

一、木材防火

木材是容易燃烧的材料，因此，在有火灾隐患和危险的地方，更应做好木材的防火处理。

木材的防火措施有两种方法：一是结构防火措施，二是用防火剂处理。

（1）结构防火措施。在设计和建造房屋时，应使木结构构件远离火源（例如电焊操作场所、锅炉房等地）或用砖石、混凝土、石棉板和金属等做成隔离板。

（2）用防火剂处理。这是在施工制作中常用的方法。防火剂一般采用磷酸铵、硫酸铝、氯化铵和硼砂等。这些防火剂在高温时软化，形成玻璃状的薄膜覆盖在木材表面，这样可阻止助燃的氧气与木材接触，达到防火的目的。

此外，木材的堆场、工场、仓库的消防工作也十分重要。要使得木材的摆放远离火源，从根本上杜绝火灾隐患。

二、施工现场安全技术

1. 施工现场安全要求

（1）现场木工在制作木门窗、模板及屋架的施工现场（以下简称木作现场）时，应尽量远离建筑主体，以免物体跌落伤人。

（2）木作现场应尽量同居民的生活区域隔开，以免伤及闲杂人员。

（3）木作施工将产生大量的劈柴、刨花和锯末。因此木作现场应尽量远离火源，严禁吸烟。冬季取暖时必须采取防火措施。吸烟应进吸烟室，现场应设置水箱、灭火机及其他灭火器材。

（4）原材料和工具堆放应井然有序，防止磕碰跌倒受伤。

2．现场安全用电

（1）现场用木工机具的电线应尽量架空固定。无法架空的拖地电线，应设置保护设施，避免车碾人踏，损坏绝缘保护层。经过水沟水坑的电线，应使其离开水面，以免水浸漏电。

（2）要经常检查现场机具的临时拉用电线。发现线皮破损后，应及时用绝缘胶布缠严，以防人体接触触电。

（3）安装刀具和调整维护机床应先拉闸断电，并在电闸上挂“请勿合闸”的警示牌。

（4）下班时应将总闸断开，锁好闸箱，以防未成年人开机具，造成不必要的伤亡事故。

模块二　文 明 施 工

文明施工是指科学地组织施工，坚持合理的施工程序，营造舒适的生产、生活环境，保持施工场地整洁、卫生，创造良好文明气氛的一项施工活动。

一、文明施工的基本要求

1．进入施工现场，要认真阅读入口处悬挂的“五牌一图”（工程概况牌、安全生产牌、消防保卫牌、环境保护牌、文明施工牌、施工现场总平面图），对施工现场及各项制度有一定了解。

2. 施工中各种建筑材料、工具要合理放置、整齐堆放，施工作业时要井然有序，杜绝施工中的“脏、乱、差”，杜绝违章施工、野蛮施工，施工现场完毕应及时清理。

3. 不穿拖鞋和打赤膊上班，不酒后上班，不玩火、烤火和打闹嬉笑，不随便进入建设单位的车间、仓库、办公室等重要场所。

4. 工地临时宿舍应做到干净卫生，被褥叠放整齐，衣服勤洗勤换，饭前洗手，不吃不干净的食品，不喝生水，不随地大小便。

二、建筑成品保护

在施工过程中对已完工部分进行的保护称为成品保护。工程中的一切材料、设备、成品、半成品都在成品保护的范围。对成品保护应做到以下几点：

1. 成品保护是每个施工人员的责任和义务，应树立主人公的意识，加强成品保护的意识。

2. 施工中已完工的墙面、地面、门窗、设备等应注意保护，不得碰撞，保持墙面、棱角不受污染和损坏。

3. 绑扎钢筋时，要搭设临时架子，不得蹬踩钢筋。钢筋绑扎完毕后，应设人行通道，下放马凳，上绑木板，以防将上部钢筋压坏。

4. 混凝土未凝固前，不得上人。不得在混凝土硬化前撬拔预埋管。混凝土拆模时，要注意梁、柱和墙等阳角的保护。

5. 门窗安装后，应随手挂好风钩或插上插销，防止刮风损害玻璃，并将破碎的杂物、玻璃及时清理干净。

6. 装饰及设备安装施工时，不得踩踏暖气片及窗台板，严禁在窗台板上敲击，以防损坏。地漏、排水口等处应保持畅通，施工中要防止杂物掉入。

7. 刷漆前，应先将地面、窗台清扫干净，刷漆后，应将门窗扇用窗钩钩住，防止门窗扇破坏漆膜，造成损伤。刷漆完毕后，应将滴在地面或窗台上及掉在墙上的油漆污点清刷干净。

培训大纲建议

一、培训目标

通过培训，培训对象可以在建筑施工企业木工岗位完成常规工作。

1．理论知识培训目标

（1）掌握木工的基础知识。

（2）掌握木工常用材料的选用。

（3）掌握木工的常用工具及机械设备。

（4）了解安全生产与文明施工。

2．操作技能培训目标

（1）掌握模板的安装与拆除。

（2）掌握木家具的制作与安装。

（3）掌握建筑装饰装修工程的工艺要求。

二、建议培训课时安排

总课时数：116 课时

理论知识课时：70 课时

操作技能课时：36 课时

复习测验考试：10 课时

具体培训课时分配见下表。

培训课时分配表

培训内容	理论知识课时	操作技能课时	总课时	培训建议
第一单元　木工基础知识	**5**	**2**	**7**	重点：木工的基础知识 难点：建筑施工图的识读 建议：每位学员都要亲自参与建筑图样的识读
模块一　工程制图基础	1		1	
模块二　建筑施工图识读	2	2	4	
模块三　力学基础知识	2		2	
第二单元　木工常用材料	**10**	**4**	**14**	重点：木工的基本材料 难点：常用人造板材的种类 建议：利用实际教具进行演示
模块一　常用木材的基础知识	4	2	6	
模块二　常用人造板材	4	2	6	
模块三　常用胶黏剂	2		2	
第三单元　木工常用量具、工具和机械	**10**	**6**	**16**	重点：常用手工工具的使用和维护保养 难点：常用机械设备的使用和维护保养 建议：利用实物配合讲解
模块一　木工常用量具和手工工具	6	4	10	
模块二　木工常用机械设备	4	2	6	
第四单元　模板工程	**12**	**6**	**18**	重点：模板工程的安装 难点：模板安装的质量标准与拆除 建议：用模板实物配合讲解
模块一　概述	2		2	
模块二　木模板安装	4	2	6	
模块三　模板安装的质量标准及拆除	6	4	10	

续表

培训内容	理论知识课时	操作技能课时	总课时	培训建议
第五单元　木家具制作	**8**	**4**	**12**	重点：木家具的加工要点 难点：木家具的选料配料 建议：利用教具和现场实际操作
模块一　木家具的选料配料	4	2	6	
模块二　木家具的加工	4	2	6	
第六单元　建筑装饰装修工程	**16**	**8**	**24**	重点：建筑装饰装修的工序 难点：建筑装饰装修工程的安装与拆除 建议：利用简易试验台和相关仪器设备进行简单操作，现场讲解为主
模块一　吊顶工程	4	2	6	
模块二　轻质隔墙工程	4	2	6	
模块三　木地板铺设	8	4	12	
第七单元　安全生产与文明施工	**9**	**6**	**15**	重点：安全生产 难点：文明施工 建议：结合案例进行分析判定
模块一　安全生产	5	3	8	
模块二　文明施工	4	3	7	
复习考试			10	

参考文献

潘运清. 木工操作技术指南［M］. 北京：中国计划出版社，2000.

建设部人事教育劳动司组织编写. 木工［M］. 北京：中国建筑工业出版社，2002.

王亚楚. 木工［M］. 北京：中国环境科学出版社，2003.

朱维益，张玉凤. 简明模板工程施工操作手册［M］. 第2版. 北京：中国环境科学出版社，2003.

郭斌. 木工［M］. 北京：机械工业出版社，2005.

李继业，邱秀梅. 建筑装饰施工技术［M］. 第2版. 北京：化学工业出版社，2010.

中国建筑装饰协会培训中心组织编写. 木工（初级工　中级工）［M］. 北京：中国建筑工业出版社，2003.

张盾. 建筑木工技能［M］. 北京：化学工业出版社，2013.